本書の特色と使い方

全て印刷・コピーして学校で使えます。

児童が書きやすい B4 か A3 に拡大コピーしてお使いください。

本書で適切な評価ができます。

各社の教科書を徹底研究して，観点別のテストを作成しました。
各学年・各単元で必要な基礎基本を評価するのに役立ちます。

どの単元も観点別評価ができます。（一部単元を除く）

どの単元でも「知識・技能」と「思考・判断・表現」の 2 つの観点で評価できます。2 つの観点ともに対等な点数配分（100 点満点）で構成しているため，観点別の評価が適切にできます。

選べるA・B　2タイプの評価テスト（一部単元を除く）

A では基礎基本の定着をねらいとした問題構成に，B では一層の学習内容の定着をねらいとして発展的内容も加え，問題数を多くした構成にしています。
児童の実態や単元の重要度に応じて，選んで使用できます。

テストの前にも使えます。

市販のテストを使用される学級でも，本書を活用して単元のまとめができます。市販のテストの前に本書のテストを活用することで，確実な学力がつきます。

学習準備プリントで既習内容の確認ができます。

新たな単元を学習する上で必要な基礎基本を振り返り，内容の定着を確かめることができます。児童の学習の準備とともに，学習計画を立てる上でも役立てることができます。

5年　目次

月　日

整数と小数

名前

1 □ にあてはまる数を書きましょう。(10×2)

(1) 1を4個，0.1を6個，0.01を5個合わせた数は □ です。

(2) 1を2個，0.01を8個，0.001を3個合わせた数は □ です。

2 次の数は，0.01を何個集めた数ですか。□ に書きましょう。(5×4)

(1) 0.07 □ 個

(2) 6.34 □ 個

(3) 2.09 □ 個

(4) 4.8 □ 個

3 次の長さや重さを，1つの単位にまとめて □ に書きましょう。(5×4)

(1) 3m42cm □ m

(2) 5km126m □ km

(3) 4kg80g □ kg

(4) 790g □ kg

4 次の数を10倍，100倍した数を □ に書きましょう。(5×4)

(1) 0.14 10倍 □ 100倍 □

(2) 6.2 10倍 □ 100倍 □

5 次の数を $\frac{1}{10}$，$\frac{1}{100}$ した数を □ に書きましょう。(5×4)

(1) 3.7 $\frac{1}{10}$ □ $\frac{1}{100}$ □

(2) 58 $\frac{1}{10}$ □ $\frac{1}{100}$ □

(A3 141%・B4 122%拡大)

知識技能 A　　　　　　　　　　　　月　　日

整数と小数

名前 ______

1 □ にあてはまる数を書きましょう。(5×4)

(1) 5.268は，1を □ 個，0.1を □ 個，0.01を □ 個，0.001を □ 個合わせた数です。

(2) 2.479は，□ を2個，□ を4個，□ を7個，□ を9個合わせた数です。

(3) 8.573=1×□+0.1×□+0.01×□+0.001×□

(4) 7.368=□×7+□×3+□×6+□×8

2 次の数は，0.001を何個集めた数ですか。(5×2)

(1) 0.352は，0.001を □ 個集めた数です。

(2) 6.47は，0.001を □ 個集めた数です。

3 次の数を10倍，100倍，1000倍した数を書きましょう。(5×6)

(1) 24.5　10倍 □　100倍 □　1000倍 □

(2) 0.39　10倍 □　100倍 □　1000倍 □

4 次の数を $\frac{1}{10}$，$\frac{1}{100}$，$\frac{1}{1000}$ した数を書きましょう。(5×6)

(1) 15.6　$\frac{1}{10}$ □　$\frac{1}{100}$ □　$\frac{1}{1000}$ □

(2) 6.2　$\frac{1}{10}$ □　$\frac{1}{100}$ □　$\frac{1}{1000}$ □

5 次の計算をしましょう。(5×2)

(1) 2.5×100

(2) 2.5÷100

(A3 141%・B4 122%拡大)

整数と小数

名前

1　小数について，いろいろな表し方をしましょう。(10×4)

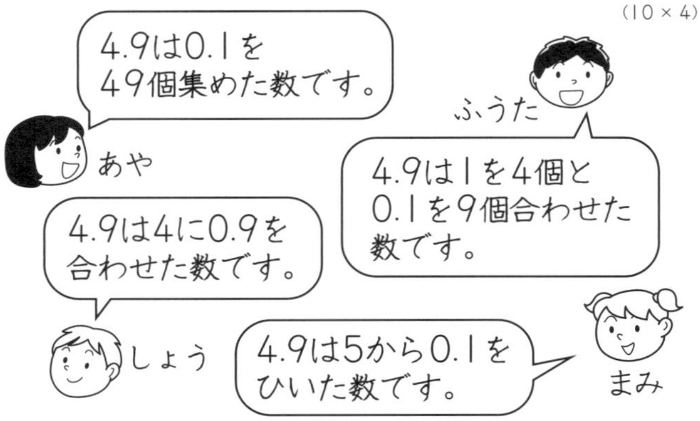
4.9は0.1を
49個集めた数です。
あや
4.9は1を4個と
0.1を9個合わせた
数です。
ふうた
4.9は4に0.9を
合わせた数です。
しょう
4.9は5から0.1を
ひいた数です。
まみ

(1)　7.86を，あやさんのように，0.01をもとにして表しましょう。

(2)　7.86を，ふうたさんのように，位ごとに分けて表しましょう。

(3)　7.86を，しょうさんのように，7に何を合わせた数かで表しましょう。

(4)　7.86を，まみさんのように，8から何をひいた数かで表しましょう。

2　次の数は2.65を何倍，または何分の1にした数ですか。(5×4)

(1)　265

(2)　0.265

(3)　2650

(4)　0.0265

3　長さが20.5cmのトラックのもけいがあります。このもけいの長さは，もとのトラックの$\frac{1}{100}$です。もとの長さは，何mですか。(10×2)

式

答え

4　次の4まいのカードを，右の□にあてはめて小数をつくります。

□.□□□

2番目に大きい数と2番目に小さい数をつくりましょう。(10×2)

1　2　4　5

(1)　2番目に大きい数

(2)　2番目に小さい数

月　　日

整数と小数

名前 ＿＿＿＿＿＿＿＿

1 □ にあてはまる数を書きましょう。(4×5)

(1) 4.573は，1を □ 個，0.1を □ 個，0.01を □ 個，0.001を □ 個合わせた数です。

(2) 9.806は，□ を9個，□ を8個，□ を6個合わせた数です。

(3) 3.627=1× □ +0.1× □ +0.01× □ +0.001× □

(4) 0.459= □ ×4+ □ ×5+ □ ×9

(5) 1×1+0.1×7+0.01×6+0.001×2= □

2 □ にあてはまる数を書きましょう。(4×2)

(1) 0.35は0.001を □ 個集めた数です。

(2) 0.001を4200個集めた数は □ です。

3 次の数を求めましょう。(4×12)

(1) 0.51を10倍した数 □

(2) 27.8を10倍した数 □

(3) 3.95を100倍した数 □

(4) 9.5を100倍した数 □

(5) 2.456を1000倍した数 □

(6) 0.73を1000倍した数 □

(7) 2.45を$\frac{1}{10}$にした数 □

(8) 0.564を$\frac{1}{10}$にした数 □

(9) 1.25を$\frac{1}{100}$にした数 □

(10) 48を$\frac{1}{100}$にした数 □

(11) 92.14を$\frac{1}{1000}$にした数 □

(12) 340を$\frac{1}{1000}$にした数 □

4 次の計算をしましょう。(4×6)

(1) 0.27×10

(2) 5.01×100

(3) 2.5×1000

(4) 4.2÷10

(5) 6÷100

(6) 30÷1000

(A3 141%・B4 122%拡大)

月　日

整数と小数

名前

1 次のことを文で書きましょう。(5×2)

(1) 小数や整数を10倍，100倍すると，小数点はどのようになりますか。

(2) 小数や整数を$\frac{1}{10}$，$\frac{1}{100}$にすると，小数点はどのようになりますか。

2 次の小数について，いろいろな表し方をしましょう。(5×8)

(1) 3.86

㋐ 0.001を，いくつ集めた数ですか。

㋑ 1と0.1と0.01を，それぞれいくつ合わせた数ですか。

㋒ 0.0386を，何倍した数ですか。

㋓ 386を，何分の1にした数ですか。

(2) 0.896

㋐ 0.001を，いくつ集めた数ですか。

㋑ 0.1と0.01と0.001を，それぞれいくつ合わせた数ですか。

㋒ 1からいくつひいた数ですか。

㋓ 896を，何分の1にした数ですか。

3 姫路（ひめじ）城の$\frac{1}{100}$のもけいがあります。もけいの石がきの高さは，14.85cmです。城の建物の高さは，31.5cmです。実際の高さは，それぞれ何mですか。(5×4)

石がき

式

答え

建物

式

答え

4 下の6まいのカードを使って，小数を作ります。0と小数点は最後に置かないようにして，次の数を作りましょう。(5×6)

0	1	5	6	8	.

(1) いちばん大きい数

(2) 2番目に大きい数

(3) いちばん小さい数

(4) 2番目に小さい数

(5) 2よりも小さくて2にいちばん近い数

(6) 6よりも大きくて6にいちばん近い数

(A3 141%・B4 122%拡大)

直方体・立方体の体積

名前

1 次の立体の名前を書きましょう。(5 × 2)

(1) 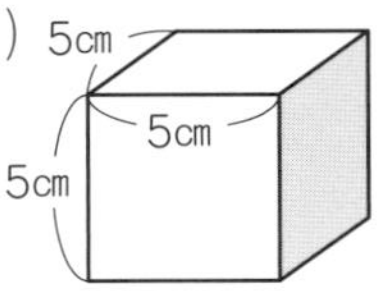

□

(2) 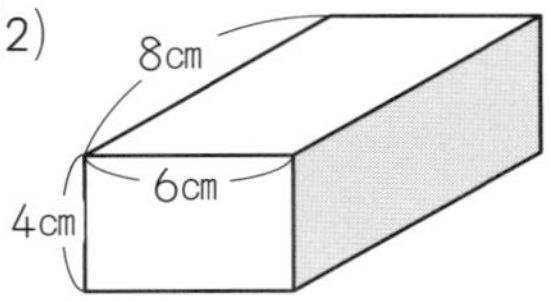

□

2 ブロックは何個ありますか。(5 × 5)

(1) 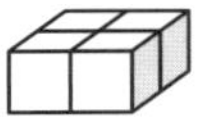 □

(2) 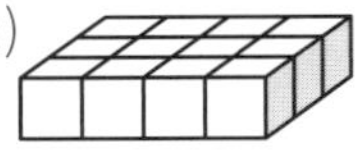 □

(3) 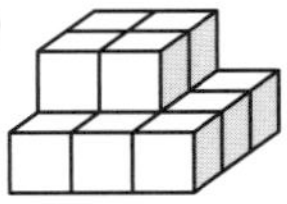 □

(4) 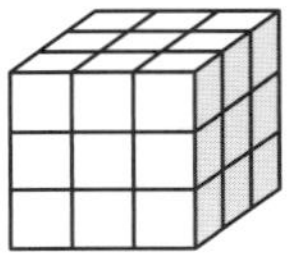 □

(5) 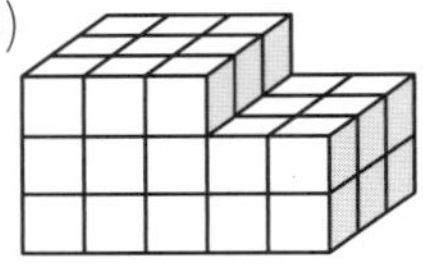 □

3 □ にあてはまる数を書きましょう。(5 × 5)

(1) 1m= □ cm　(2) 1㎡ = □ ㎠

(3) 1L= □ mL　(4) 1L= □ dL　(5) 1dL= □ mL

4 次の面積を求めましょう。(5 × 6)

(1) 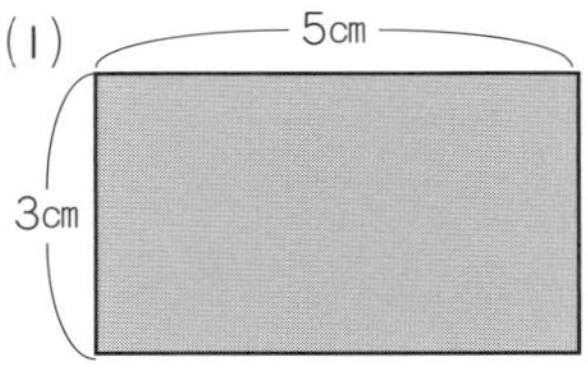

式

答え

(2) 正方形

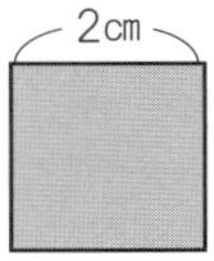

式

答え

(3) 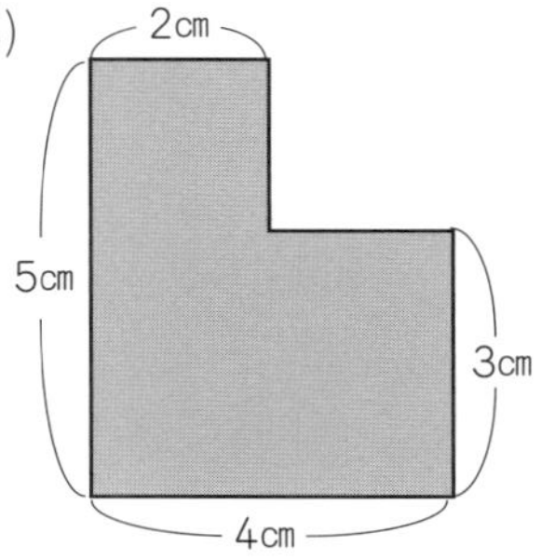

式

答え

5 どちらの立体の方が大きいでしょうか。大きい方の記号に○をつけましょう。(5 × 2)

(1) ア 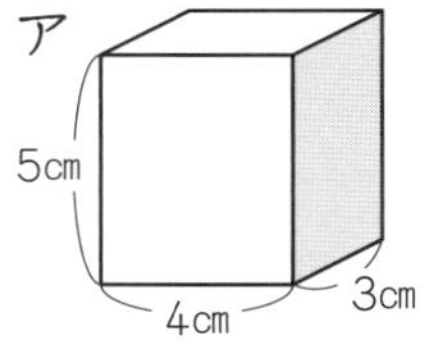

イ 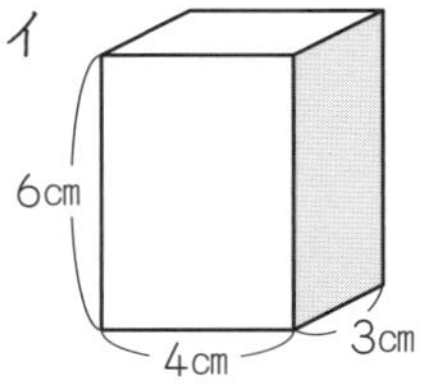

(2) カ 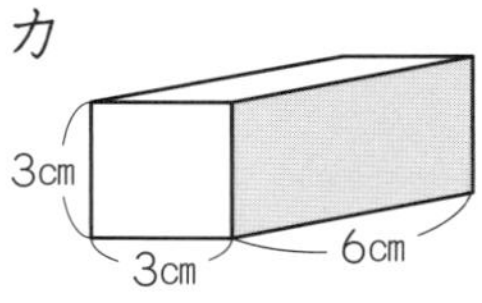

キ 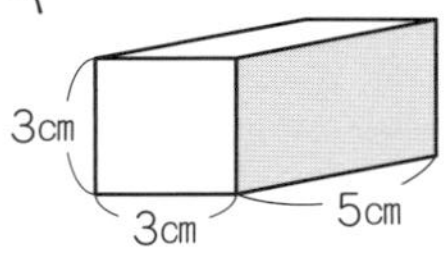

(A3 141%・B4 122%拡大)

月　日

直方体・立方体の体積

名前

1　1辺が1cmの立方体を下の図のようにならべました。(5×3)

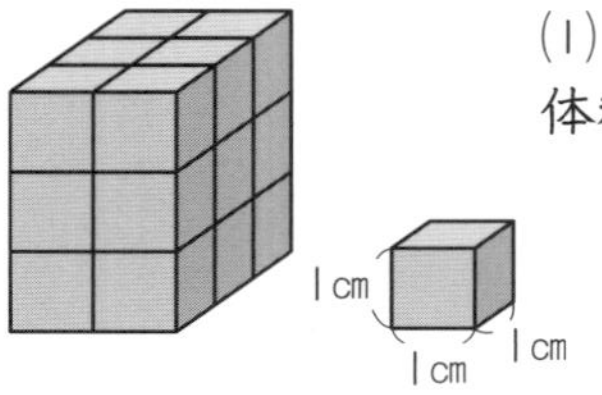

(1)　1辺が1cmの立方体の体積を書きましょう。

□ cm³

(2)　上の直方体には，1辺が1cmの立方体が何個ありますか。

□

(3)　この直方体の体積は，何cm³ですか。

□ cm³

2　1辺が1cmの立方体を使って，下のような形を作りました。体積は，それぞれ何cm³ですか。(5×3)

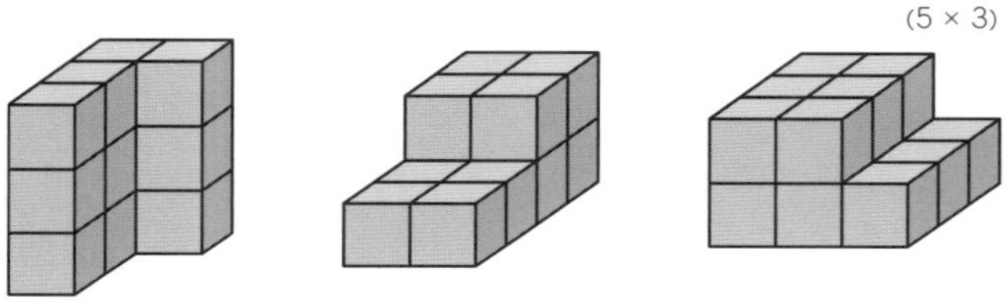

□ cm³　□ cm³　□ cm³

3　体積を求める公式を書きましょう。(5×2)

(1)　直方体の体積＝□×□×□

(2)　立方体の体積＝□×□×□

4　□にあてはまる数を書きましょう。(5×2)

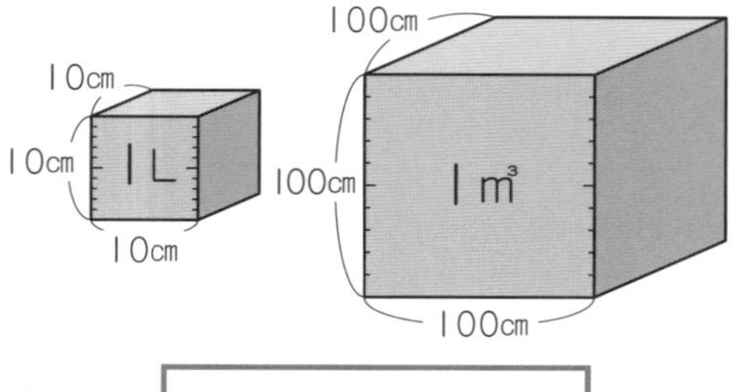

(1)　1L＝□ cm³

(2)　1m³＝□ cm³

5　下の直方体や立方体の体積を求めましょう。(5×6)

(1)

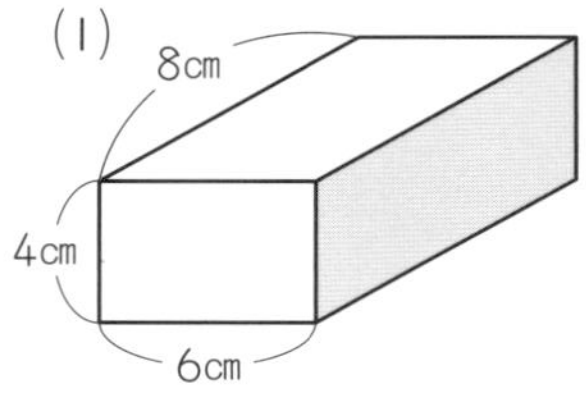

式

答え

(2)

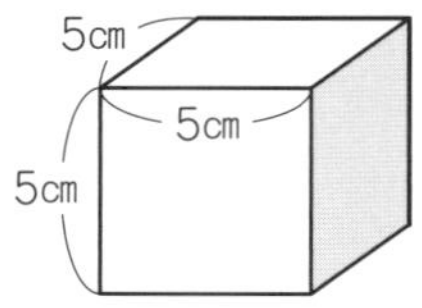

式

答え

(3)

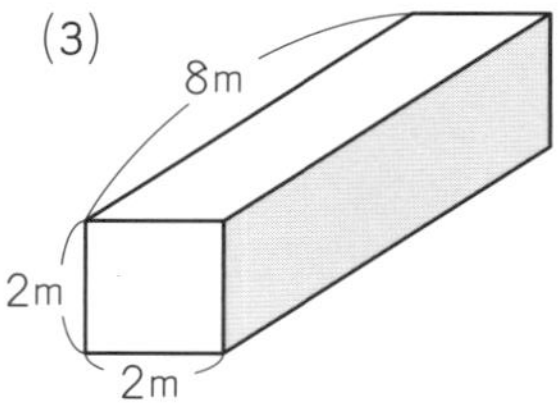

式

答え

6　下の水そうの容積《ようせき》は何cm³ですか。
また，それは何Lですか。(長さは内のりです。)(5×2)

式

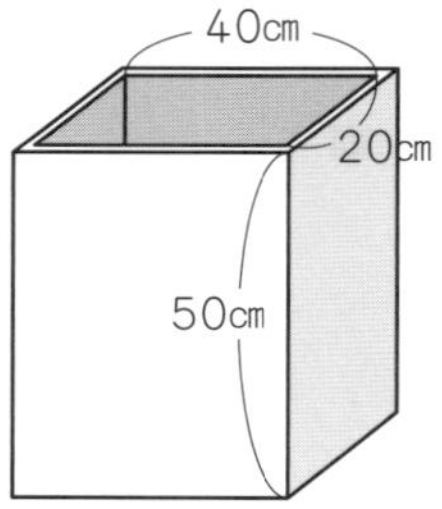

答え　cm³

L

7　下のような形の体積を求めましょう。(5×2)

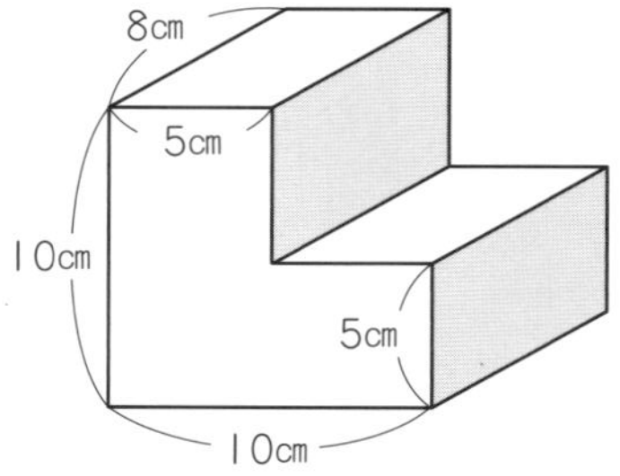

式

答え

(A3 141%・B4 122%拡大)

　　月　日

直方体・立方体の体積

名前

1　体積120㎤の直方体の高さは，何cmですか。(10×2)

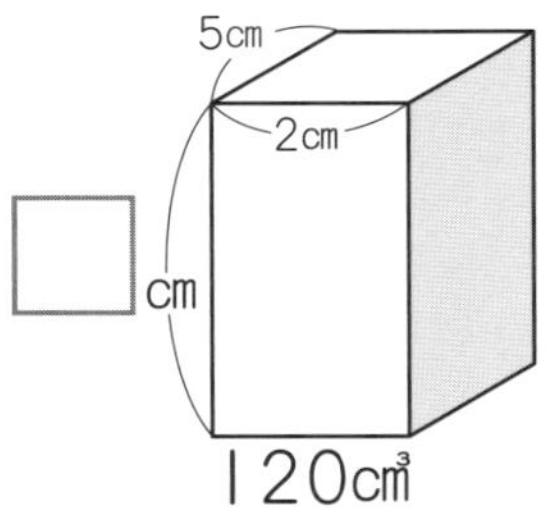

式

答え

2　次の展開図《てんかいず》を組み立ててできる直方体の体積について答えましょう。(5×3)

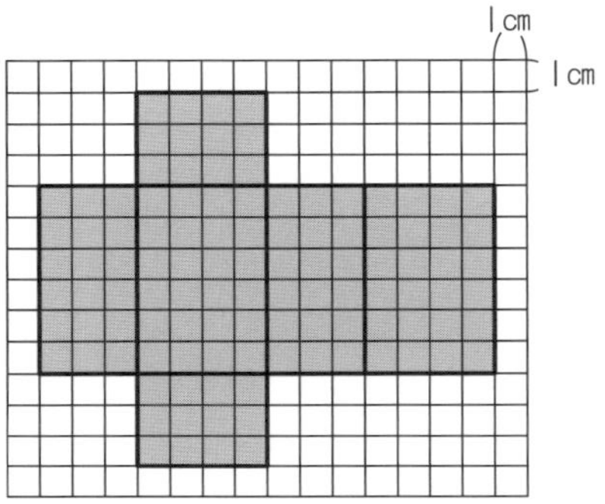

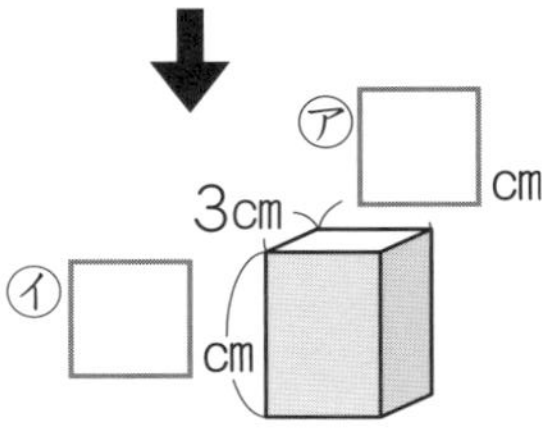

(1)　組み立ててできる直方体の，㋐㋑の長さを□に書きましょう。

(2)　直方体の体積を求めましょう。

式

答え

3　下の立体の体積について，ふみやさんは，下の式のようにして求めました。どのように考えたのか，図に線をひきましょう。(5)

$6\times(5+5)\times3+6\times5\times2$

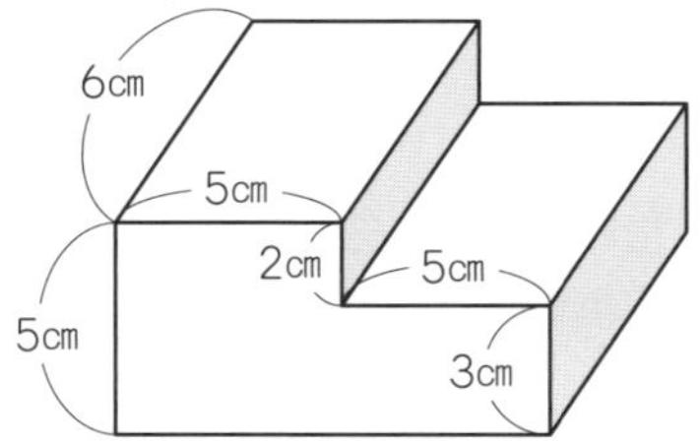

4　下の形の体積を，大きい立体から小さい立体をひく方法で求めましょう。(10×2)

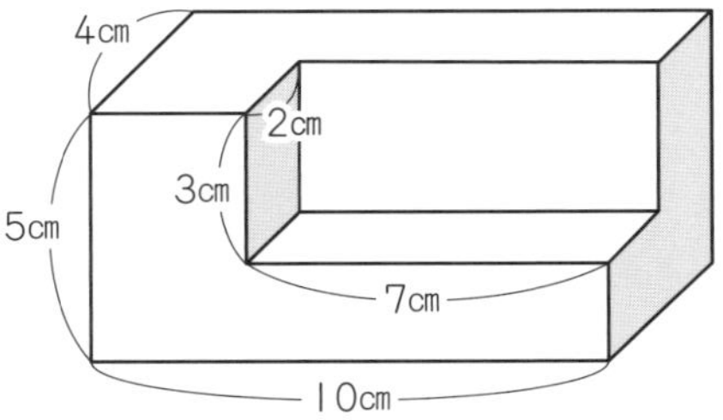

式

答え

5　下の水そうに，深さ18cmまで水を入れました。水の体積は何Lですか。(長さは内のりです。)(10×2)

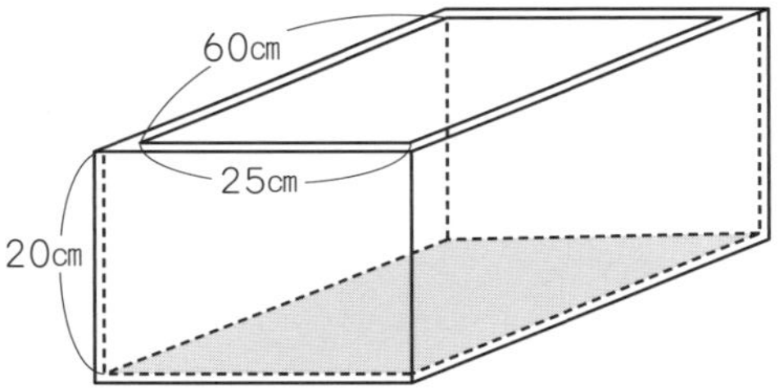

式

答え

6　下のような容器《ようき》を，厚《あつ》さ1cmの板で作りました。この容器の容積を求めましょう。(10×2)

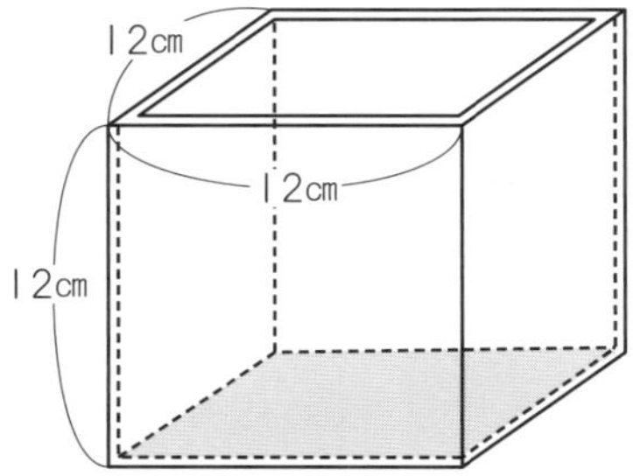

式

答え

(A3 141%・B4 122%拡大)

月　日

直方体・立方体の体積

名前

1　1辺が1cmの立方体を使って，下のような形を作りました。体積は，それぞれ何cm³ですか。(4×4)

(1) 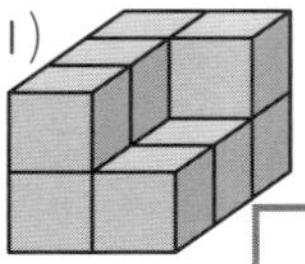

(2) 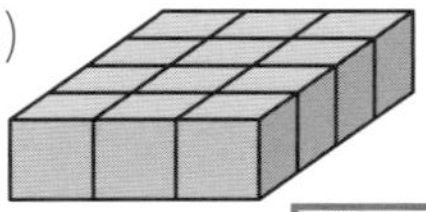

(3) 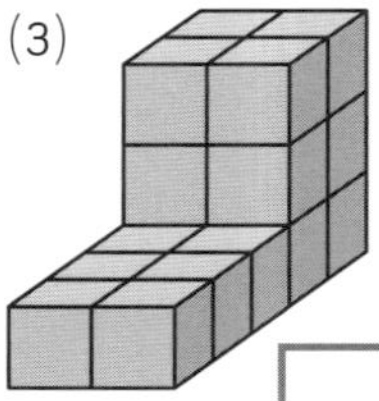

(4) 

2　体積を求める公式を書きましょう。(4×2)

(1)　直方体の体積＝□×□×□

(2)　立方体の体積＝□×□×□

3　次の直方体や立方体の体積を求めましょう。(4×6)

(1)　式

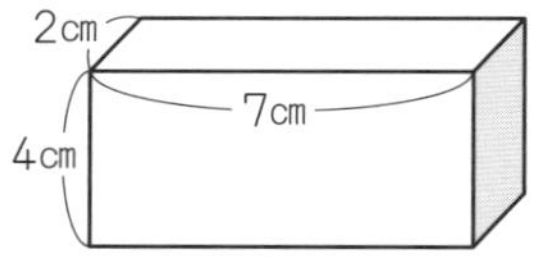

答え

(2)　式

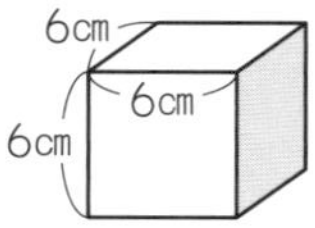

答え

(3)　式

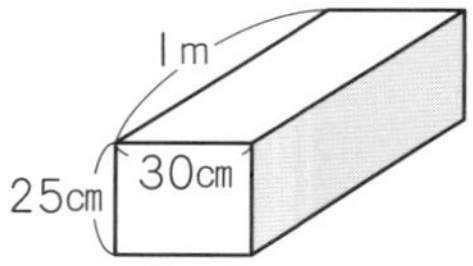

答え

4　たて80cm，横50cm，高さが1m20cmの直方体の体積は，何cm³ですか。(5×2)

式

答え

5　1辺が2mの立方体の体積は，何m³ですか。(5×2)

式

答え

6　下の水そうの容積《ようせき》は何cm³ですか。
また，それは何Lですか。(長さは内のりです。)(5×2)

式

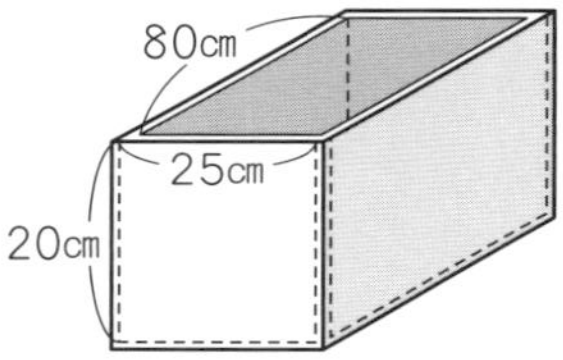

答え　cm³

L

7　下のような形の体積を求めましょう。(5×2)

式

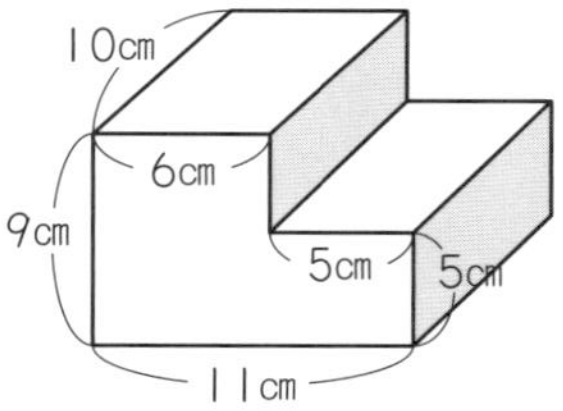

答え

8　□にあてはまる数を書きましょう。(4×3)

(1)　1m³　＝□cm³

(2)　1mL　＝□cm³

(3)　1L　＝□cm³

(A3 141%・B4 122%拡大)

思考判断表現 B　　　月　　日

直方体・立方体の体積

名前

1　㋐の辺の長さは何cmですか。(5 × 2)

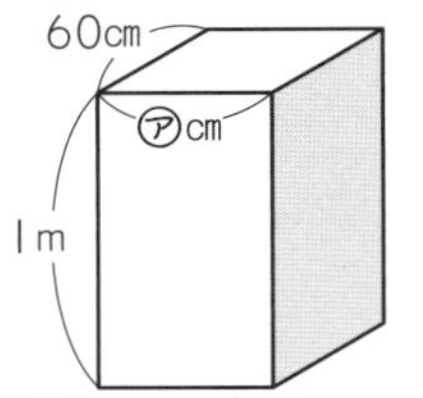

300000cm³

式

答え

2　下の展開図《てんかいず》を組み立ててできる直方体の体積を求めましょう。(10 × 2)

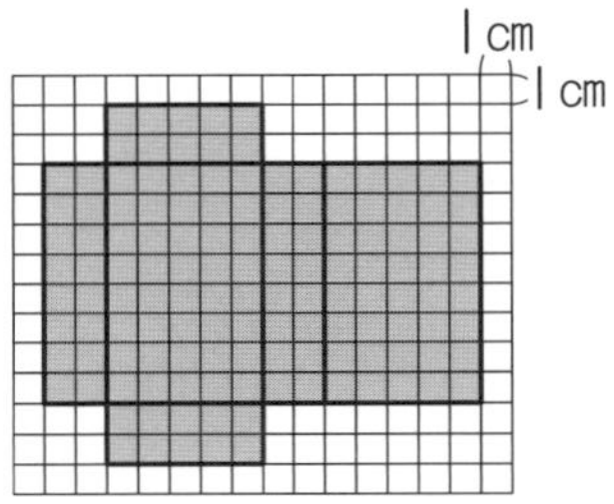

式

答え

3　下の立体の体積の求め方について，A さん B さんは，それぞれ次のような式で答えを求めました。立体をどのように分けて考えたのか，立体に線をひきましょう。(10 × 2)

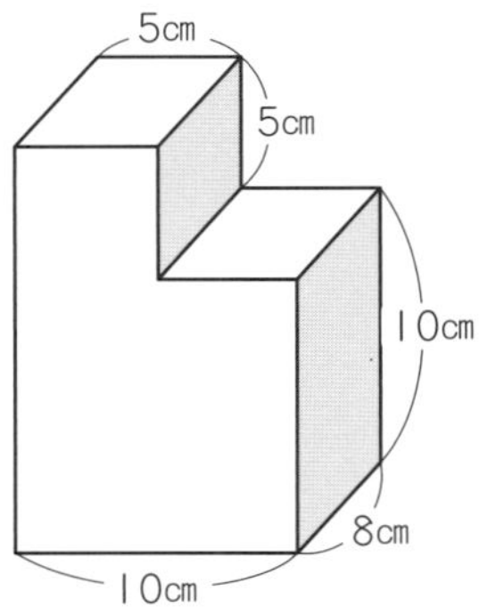

Aさん
8×5×(10+5)=600
8×(10−5)×10=400
600+400=1000

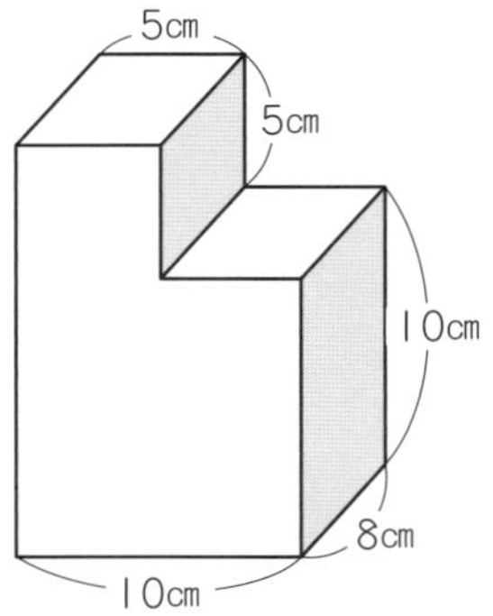

Bさん
8×10×10=800
8×5×5=200
800+200=1000

4　下の立体の体積を次の方法で求めましょう。(5 × 4)

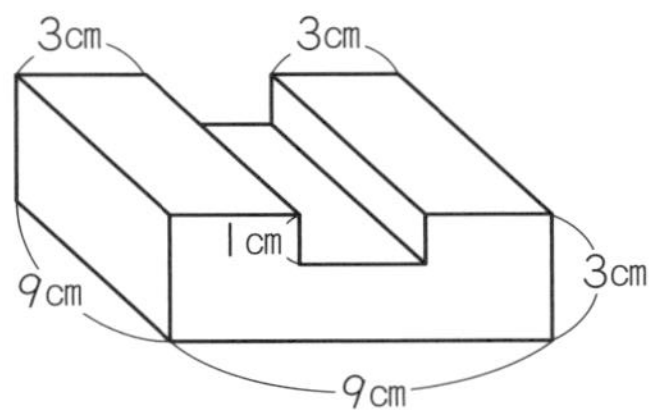

(1)　立体を 3 つに分けて，求めましょう。

式

答え

(2)　大きい立体から，小さい立体をひく方法で求めましょう。

式

答え

5　厚《あつ》さ1cmの板でできた水そうがあります。(5 × 6)

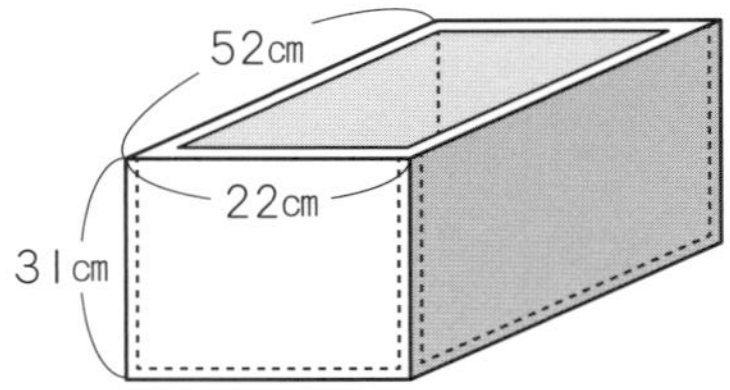

(1)　この水そうの容積《ようせき》を求めましょう。

式

答え

(2)　この水そうに水を 20L 入れました。深さ何cmまで水が入りましたか。

式

答え

(3)　水を入れた水そうに，石をしずめると 3cm水面が上がりました。石の体積を求めましょう。

式

答え

(A3 141%・B4 122%拡大)

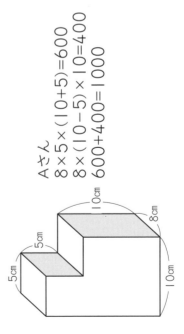

月　日

比　例

名前

1　長さ1cmのひごを，図のように三角形にならべていきます。
三角形を1個，2個と増やしていくと，まわりの長さは何cmになりますか。

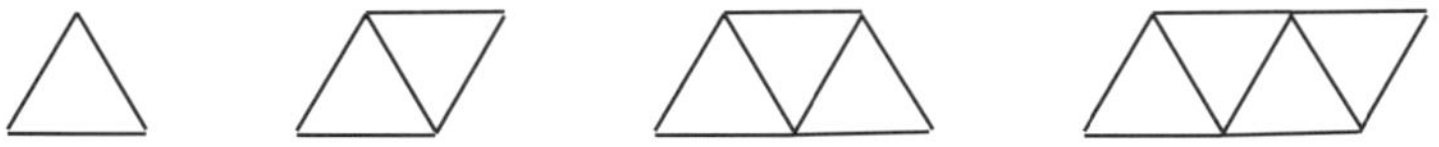

(1)　三角形の数とまわりの長さの関係を表にまとめましょう。(5×5)

三角形の数（□個）	1	2	3	4	5	6	
まわりの長さ（○cm）	3						

(2)　三角形の数が1個ふえると，まわりの長さは何cmふえますか。(10)

□ cm

(3)　三角形の数を□，まわりの長さを○として式に表します。□にあてはまる数を書きましょう。(10)

□＋□＝○

(4)　三角形が8この場合，まわりの長さは何cmになりますか。(3)の式を使って求めましょう。(5×2)

式

答え＿＿＿＿

2　たての長さを2cmと決めて，横の長さを変えて長方形を作ります。面積はどう変わりますか。

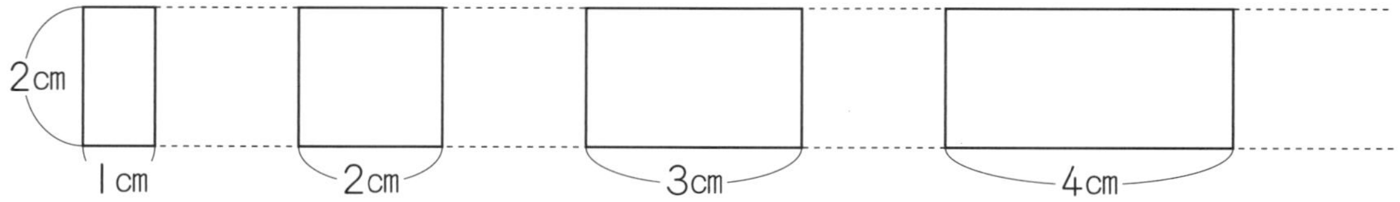

(1)　横の長さと面積の関係を表にまとめましょう。(5×5)

横の長さ（cm）	1	2	3	4	5	6	
面積（cm²）	2						

(2)　横の長さが2倍になると，面積はどうなりますか。(10)

(3)　横の長さと長方形の面積の変わり方は，次のどの変わり方ですか。（　）に○をつけましょう。(10)

（　）一方の量がふえたら，もう一方の量はへる変わり方

（　）一方の量がふえたら，もう一方の量もふえる変わり方

（　）一方の量ともう一方の量を合わせると，いつも同じ数になる変わり方

(A3 141%・B4 122%拡大)

月　日

比　例

名前

1　高さ3cmの積木を積んでいくときの全体の高さを調べます。

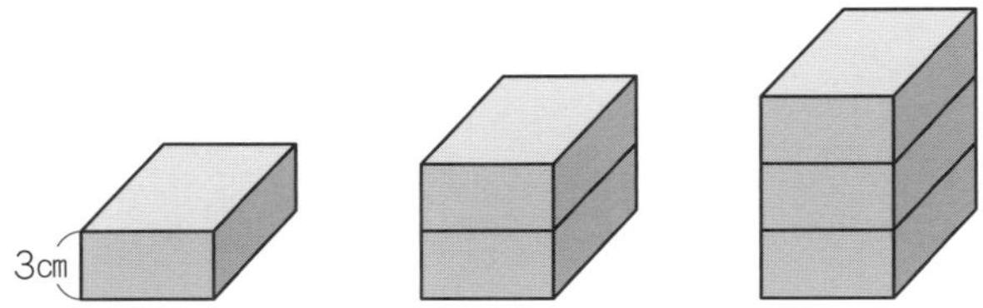

(1)　積木の数と全体の高さを表にまとめましょう。(5×5)

積木の数と高さ

積木の数(個)	1	2	3	4	5	6
高さ(cm)	3					

(2)　積木の数と高さの関係について，□にあてはまる数や言葉を，下から選んで書きましょう。(5×3)

積木の数が2倍，3倍になると，高さも

□倍，□倍になっています。

このようなときに，高さは積木の数に

□するといいます。

1　2　3　4　かけ算　比例《ひれい》

(3)　積木を9個積んだときの高さは，何cmになりますか。(5×2)

式

答え

2　1まいが50円の色画用紙を買います。
1まい，2まい…と買っていくときの代金を調べましょう。

(1)　色画用紙のまい数と代金を表にまとめましょう。(5×4)

色画用紙のまい数と代金

まい数(まい)	1	2	3	4
代金(円)				

色画用紙のまい数と代金は比例しています。

(2)　まい数が次の数の場合，代金は何円ですか。(5×6)

①　8まいの場合

式

答え

②　15まいの場合

式

答え

(3)　代金が6000円になるのは，色画用紙が何まいのときですか。

式

答え

(A3 141%・B4 122%拡大)

比　例

名前

1 直方体のたてと横の長さは変えないで，高さを1cm，2cm，3cmと高くしたときの体積についてて表にまとめました。

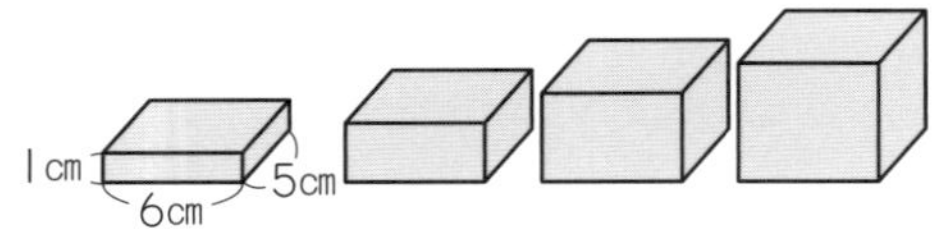

直方体の高さと体積

□倍　□倍

高さ(cm)	1	2	3	4	
体積(cm³)	30	60	90	120	

□倍　□倍

(1) 上の表にある □ にあてはまる数を書きましょう。(5×4)

(2) 直方体の高さと体積は比例《ひれい》していますか。また，その理由も説明しましょう。(10)

(3) 直方体の高さが8cmのときの体積を求めます。

① 下の数直線の □ にあてはまる数を書きましょう。(5×2)

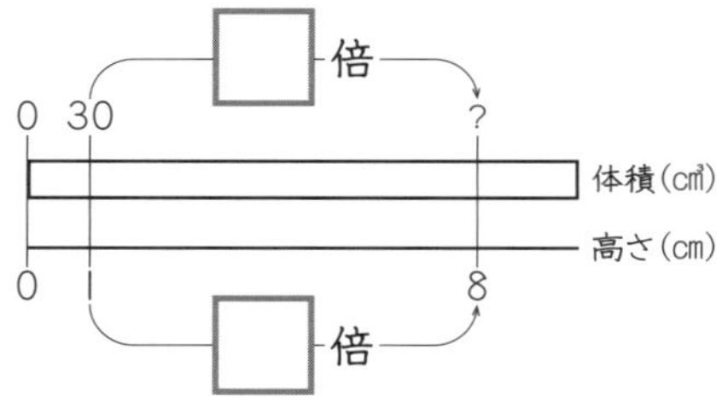

② 直方体の高さが8cmのときの体積を求めましょう。(5×2)

式

答え

2 1個が25円のあめを買います。あめの個数を1個，2個，3個…としたときの代金を表にまとめました。

あめの数と代金

あめの数(個)	1	2	3	4	5	6	
代金(円)	25	50	75	100	125	150	

(1) あめの数と代金は比例していますか。その理由も説明しましょう。(10)

(2) あめを10個買うときの代金を求めましょう。また，式についての説明を書きましょう。(式と答え5×2)

式

答え

式の説明 (10)

(3) 500円で買えるあめの数を求めましょう。また，式についての説明を書きましょう。(式と答え5×2)

式

答え

式の説明 (10)

(A3 141%・B4 122%拡大)

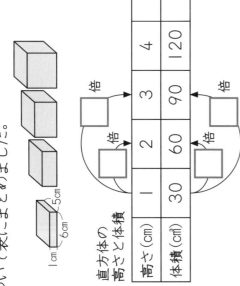

月　日

比　例

名前

1　同じ直方体を１個，２個，３個と積んでいきます。直方体の数と全体の体積の合計について調べましょう。

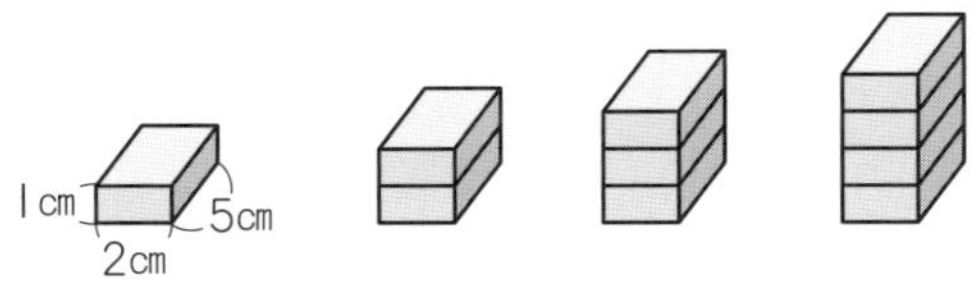

(1)　直方体の数と体積を表にしましょう。(4×6)

直方体の数と体積

直方体の数(個)	1	2	3	4	5	6	
体積(cm³)							

(2)　直方体の数と体積の関係について，□にあてはまる数や言葉を書きましょう。(4×3)

直方体の数が２倍，３倍になると，体積も

□倍，□倍になっています。

このようなときに，体積は直方体の数に

□するといいます。

(3)　直方体を次のように積んだときの体積を求めましょう。(4×4)

①　直方体15個

式

答え

②　直方体20個

式

答え

2　1mが40gのはり金があります。

このはり金を1m，2m…と長くしていったときの重さを調べましょう。

(1)　はり金の長さと重さの関係を表にしましょう。(4×6)

はり金の長さと重さ

長さ(m)	1	2	3	4	5	6	
重さ(g)							

(2)　はり金の長さが次の長さの場合，重さは何gですか。(4×4)

①　16mの場合

式

答え

②　30mの場合

式

答え

(3)　はり金の重さが2000gになるのは，長さが何mのときですか。(4×2)

式

答え

(A3 141%・B4 122%拡大)

月　日

比　例

名前

1 次の２つの量は比例《ひれい》していますか。
表に書いて調べましょう。

(1) 水そうに１分間に３cmずつ深くなるように水を入れます。

① ２つの量の関係を表にまとめましょう。(10)

水を入れる時間と水の深さ

時間(分)	1	2	3	4	5	6	
深さ(cm)							

② 水そうに水を入れる時間と水の深さは比例してますか。どちらかを○で囲みましょう。(5)

（　比例している　比例していない　）

③ ②の理由を書きましょう。(10)

(2) 正方形の１辺の長さと面積

① ２つの量の関係を表にまとめましょう。(10)

正方形の１辺の長さと面積

１辺の長さ(cm)	1	2	3	4	5	6	
面積(cm²)							

② 正方形の１辺の長さと面積は，比例していますか。どちらかを○で囲みましょう。(5)

（　比例している　比例していない　）

③ ②の理由を書きましょう。(10)

2 １mの重さが60gのはり金があります。
このはりがねの長さと重さを表にまとめました。

はり金の長さと重さ

はりがねの長さ(m)	1	2	3	4	5	6	
重さ(g)	60	120	180	240	300	360	

(1) はり金の長さと重さは，比例しています。はり金の長さを○，重さを□として関係を式に表しましょう。(10)

□＝

(2) はり金９mの重さを求めるのに，次のような式を書いています。どのように考えたのか，説明しましょう。(10×2)

①60 × 9=540

②180 × 3=540

(3) このはり金1200gの長さを求めるのに，次のような式を書いています。どのように考えたのか，説明しましょう。(10×2)

①1200 ÷ 60=20

②1200 ÷ 300=4
5 × 4=20

(A3 141%・B4 122%拡大)

月　日

小数のかけ算

名前

1 次の計算を筆算でしましょう。(5×8)

(1) 47×6　(2) 31×24　(3) 26×35　(4) 76×48

(5) 5.8×4　(6) 4.2×13　(7) 6.7×98　(8) 0.04×5

2 1本が3.5dLのジュースが6本あります。ジュースは，全部で何dLになりますか。(10×2)

式

答え

3 1mが20.4gのはり金があります。8mでは，何gになりますか。(10×2)

式

答え

4 1mが80円のロープがあります。それぞれの長さの代金は，いくらですか。(5×4)

(1) 3m

式

答え

(2) 4m

式

答え

(A3 141%・B4 122%拡大)

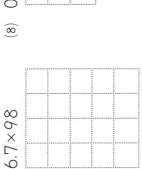

月　　日

小数のかけ算

名前

1　3.4×2.6 の計算の仕方について考えます。
□ にあてはまる数を書きましょう。(5×3)

```
  3.4 →    34
× 2.6 →  × 26
 204      204
 68       68
 8.84  ←  884
```

3.4 を □ 倍した 34 と 2.6 を □ 倍した 26 との積は 884 です。

それをもとに 3.4×2.6 の答えを求めます。

884 ÷ □ =8.84

2　次の筆算の答えに，0 や小数点を書いて，正しい答えにしましょう。(5×3)

(1)
```
  0.5
× 0.3
   15
```

(2)
```
  2.4
× 3.1
   24
 72
 744
```

(3)
```
  0.34
×  0.6
  204
```

3　27 × 48=1296 をもとにして，次の積を求めて □ に書きましょう。(5×2)

(1) 2.7×4.8　□

(2) 0.27×0.48　□

4　次の計算で，答えが 9.7 よりも小さくなるのはどれですか。記号を □ に書きましょう。(5×2)

㋐ 9.7×0.89　㋑ 9.7×1.05

㋒ 9.7×2.98　㋓ 9.7×0.05

□　□

5　かけ算をしましょう。(5×8)

(1) 7.6×8.4

(2) 6.43×6.8

(3) 57×5.8

(4) 0.8×1.5

(5) 2.7×0.4

(6) 0.8×0.6

(7) 0.7×0.03

(8) 4.25×3.6

6　□ にあてはまる数を書きましょう。(5×2)

(1) 2.6×4×2.5=2.6 × □
= □

(2) 4.5×2.9+5.5×2.9
= (□ +5.5) × 2.9
= □

(A3 141%・B4 122%拡大)

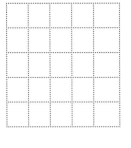

小数のかけ算

名前

1　1mが80円のリボンを2.6m買います。
代金は，いくらになりますか。（10×2）

式

答え

2　1mが3.2kgの鉄パイプがあります。
この鉄パイプ0.6mの重さは，何kgですか。（10×2）

式

答え

3　1Lが0.95kgの油があります。
この油0.8Lの重さは何kgですか。（10×2）

式

答え

4　たてが4.2mで，横が5.8mの学級園があります。
この学級園の面積を求めましょう。（10×2）

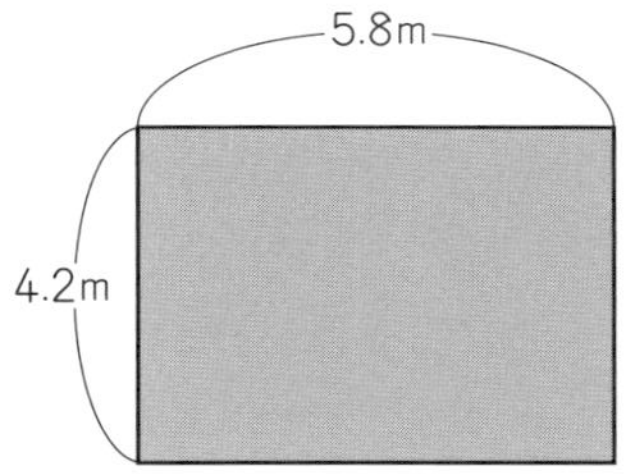

式

答え

5　次の計算のまちがいを直します。
□にあてはまる数を書きましょう。（5×4）

(1)
```
    8.4
  × 2.6
    504
   168
  218.4
```
小数点の位置が，まちがっています。
8.4と2.6をそれぞれ10倍して計算しています。

だから，2184を□でわります。

答えは□です。

(2)
```
   0.39
 × 0.76
    234
   273
  .2964
```
小数点の位置はいいですが，一の位に□を書かないといけません。

答えは□です。

（A3 141%・B4 122%拡大）

知識技能 B　　　　月　日

小数のかけ算

名前

1 □にあてはまる数を書きましょう。(4×3)

(1) 3.4×2.6=34×26 ÷ □

(2) 4.7×0.08=47×8 ÷ □

(3) 70×0.19=70×19 ÷ □

2 次の筆算の答えに，0や小数点を書いて，正しい答えにしましょう。(4×4)

(1)
```
   4.5
 × 2.9
   405
   90
  1305
```

(2)
```
   92
 × 0.3
  276
```

(3)
```
   0.4
 × 1.6
    24
    4
    64
```

(4)
```
   0.34
 × 0.23
    102
    68
    782
```

3 73 × 65=4745をもとにして，次の積を求めて□に書きましょう。(4×3)

(1) 73×6.5 □

(2) 0.73×6.5 □

(3) 0.73×0.65 □

4 次の計算で，答えが18.6よりも小さくなるのはどれですか。記号を□に書きましょう。(5×2)

㋐ 18.6×1.1　㋑ 18.6×0.99

㋒ 18.6×1　㋓ 18.6×2.01

㋔ 18.6×0.8

□ □

5 かけ算をしましょう。(5×8)

(1) 2.3×4.6　(2) 3.14×4.6

(3) 0.48×9.7　(4) 0.4×1.3

(5) 4.37×2.4　(6) 7.85×0.35

(7) 80×2.5　(8) 0.6×0.25

6 □にあてはまる数を書きましょう。(5×2)

(1) 4×2.8×2.5=2.8 ×(4 × □)

= □

(2) 3.6×4.5+3.6×5.5

=3.6 ×（4.5+ □）

= □

(A3 141%・B4 122%拡大)

月　日

小数のかけ算

名前

1　1mが120円のホースを3.5m買います。代金は，いくらになりますか。(5×2)

式

答え

2　1㎡が4.8kgの金ぞくの板があります。(5×4)

(1)　この金ぞく1.2㎡の重さは，何kgですか。

式

答え

(2)　この金ぞく0.9㎡の重さは，何kgですか。

式

答え

3　1Lが1.05kgの液体《えきたい》があります。(5×4)

(1)　この液体2.4Lの重さは，何kgですか。

式

答え

(2)　この液体0.8Lの重さは，何kgですか。

式

答え

4　たてが2m72cmで，横が4m30cmの学級園の面積は，何㎡ですか。(5×2)

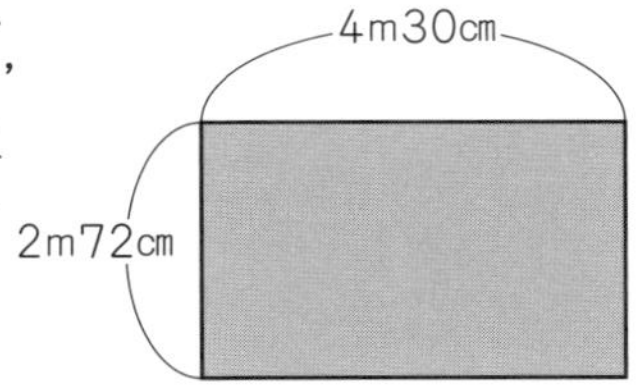

式

答え

5　1辺が2.5mの立方体の体積は，何㎥ですか。(5×2)

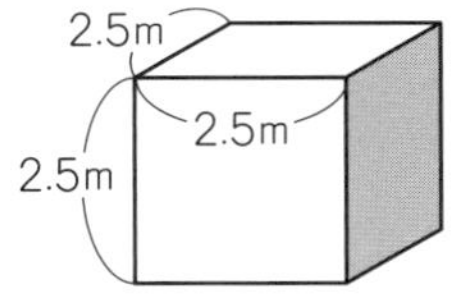

式

答え

6　次の計算には，まちがいがあります。
□にまちがっていることを書き，(　　)に正しい答えを書きましょう。

(1)
```
    3.4
  × 2.5
   170
   68
  0.850
```
(10)

(　　　　)(5)

(2)
```
   0.45
 ×  1.2
     90
    45
   .540
```
(10)

(　　　　)(5)

(A3 141%・B4 122%拡大)

月　日

小数のわり算

名前

1 次の計算を筆算でしましょう。(5×8)

(1) 72 ÷ 4　(2) 261 ÷ 3　(3) 696 ÷ 87　(4) 384 ÷ 16

(5) 70 ÷ 14　(6) 801 ÷ 89　(7) 360 ÷ 90　(8) 4200 ÷ 700

2 わり切れるまで計算しましょう。(5×2)

(1) 8.2 ÷ 5　(2) 78 ÷ 24

3 商を $\frac{1}{10}$ の位までのがい数で表しましょう。(5×2)

(1) 9.5 ÷ 13　(2) 7.9 ÷ 31

4 2本のリボンがあります。
それぞれ 1m のねだんを求めましょう。(5×4)

(1) 2m で 380 円

式

答え

(2) 3m で 540 円

式

答え

5 18.4m のロープを 23 本に切ります。
1本何 m になりますか。(10×2)

式

答え

(A3 141%・B4 122%拡大)

知識技能 A　　月　日

小数のわり算

名前

1 1.2mが210円のリボンがあります。
このリボン1mのねだんを求める式は，210 ÷ 1.2です。計算の方法を考えて，□にあてはまる数を書きましょう。(5 × 7)

(1) 右のような図に表して考えましょう。

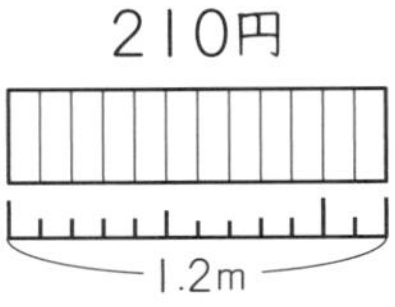

1.2は0.1の
□個分だから，210 ÷ 12=17.5
17.5円は0.1m分のねだんです。

1mは0.1mの10倍だから，
17.5 × □ = □

(2) わり算のきまりを使って考えましょう。
210も1.2も□倍して計算します。
□ ÷ 12= □
どちらの考え方でも，答えは□円です。

2 商が7.31 ÷ 1.7と等しくなる式を選んで，記号を□に書きましょう。(5 × 2)

㋐ 7.31 ÷ 17
㋑ 0.731 ÷ 0.17
㋒ 731 ÷ 17
㋓ 73.1 ÷ 17

□ □

3 商が9よりも大きくなる式を選んで，記号を□に書きましょう。(5 × 2)

㋐ 9 ÷ 0.6
㋑ 9 ÷ 0.45
㋒ 9 ÷ 1.2
㋓ 9 ÷ 4.5

□ □

4 わり切れるまで計算しましょう。(5 × 5)

(1) 5.4 ÷ 0.6　(2) 9.1 ÷ 2.6
(3) 7 ÷ 0.4　(4) 72 ÷ 4.5
(5) 17.1 ÷ 3.8

5 商は一の位まで求めて，あまりも出しましょう。(5 × 2)

(1) 4.1 ÷ 0.6　(2) 7.5 ÷ 0.23

6 商は四捨五入《ししゃごにゅう》して，上から2けたのがい数で表しましょう。(5 × 2)

(1) 2.23 ÷ 1.4　(2) 0.3 ÷ 0.9

(A3 141%・B4 122%拡大)

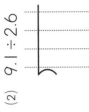

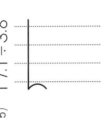

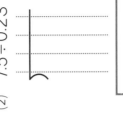

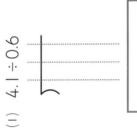

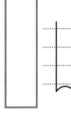

月　　日

小数のわり算

名前

1 3.2m で 5.12kgの金ぞくのパイプがあります。この金ぞくのパイプ 1m の重さは，何kgですか。(10×2)

式

答え

2 6.2L のジュースを 0.35L ずつビンに入れます。ジュースの入ったビンは何本できて，何L あまりますか。(10×2)

式

答え

3 6.5L のペンキで 30.5㎡のかべをぬりました。1L あたり何㎡のかべをぬったことになりますか。四捨五入《ししゃごにゅう》して，上から 2 けたのがい数で求めましょう。(10×2)

式

答え

4 面積が 57.2㎡の花だんがあります。横の長さは 8.8m です。たての長さは何 m ですか。(10×2)

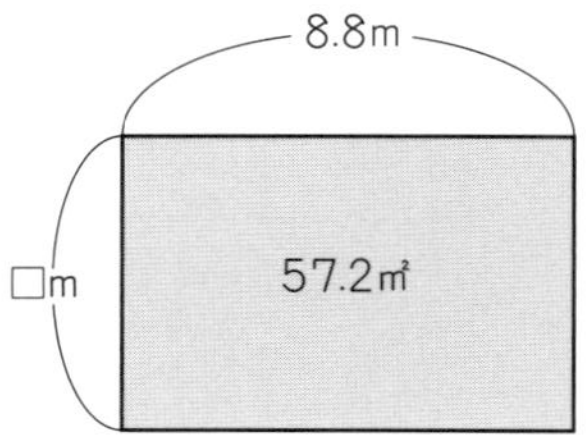

式

答え

5 3.2L で 3.84kgの液体《えきたい》があります。
はるとさんは，3.84 ÷ 3.2 と式をかいて，答えを求めようとしています。
はるとさんが求めようとしている答えは，どちらですか。□ に記号を書きましょう。(10)

㋐ 1L あたり何kgか。

㋑ 1kgあたり何 L か。

□

6 右の計算のまちがいを直します。□ にあてはまる数を書きましょう。(10)

```
     0.38
2.4)9.12
    72
    192
    192
      0
```

わられる数とわる数をそれぞれ

□ 倍して計算するので，

□ ÷ □ になります。

正しい答えは □ です。

(A3 141%・B4 122%拡大)

月　日

小数のわり算

名前

1 0.4㎡に3.2Lの水をまきます。1㎡あたり何Lの水をまくか考えます。

(1) 式の □ にあてはまる数を書きましょう。(5)

式 □ ÷ □

(2) 計算方法を，右のような図に表して考えましょう。(5 × 5)

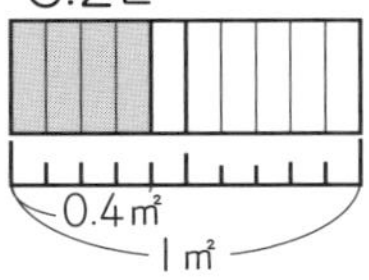

0.4は0.1の □ 個分です。

3.2÷4=0.8

0.8Lは □ ㎡あたりにまく水の量です。

1㎡は □ ㎡の 10 倍だから，

0.8 × □ = □

(3) 計算方法を，わり算のきまりを使って考えましょう。(5 × 4)

3.2 も 0.4 も 10 倍して計算します。

□ ÷ □ = □

どちらの考え方でも，答えは □ Lです。

2 次の計算をしましょう。

※ わり切れるまで計算しましょう。(4 × 4)

(1) 3.64÷1.4　(2) 5.46÷7.8

(3) 1.9÷2.5　(6) 3.1÷0.4

3 商は一の位まで求めて，あまりも出しましょう。(4 × 2)

(1) 5.1÷0.7　(2) 210÷8.6

4 商は四《し》捨《しゃ》五《ご》入《にゅう》して，上から 2 けたのがい数で表しましょう。(5 × 2)

(1) 7.3÷1.5　(2) 2.51÷7.8

5 次の式で商が最も大きくなるものと，最も小さくなるものを選び，□ に記号を書きましょう。(4 × 2)

㋐ 23÷0.4
㋑ 23÷1.15
㋒ 23÷5.75
㋓ 23÷0.08
㋔ 23÷1

商がいちばん大きくなる □

商がいちばん小さくなる □

6 商が等しくなる式を選んで，□ に記号を書きましょう。(4 × 2)

(1) 8.4÷0.24 □

(2) 8.4÷2.4 □

㋐ 0.84÷2.4
㋑ 840 ÷ 24
㋒ 840÷2.4
㋓ 84 ÷ 24

(A3 141%・B4 122%拡大)

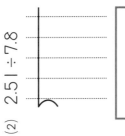

小数のわり算

名前

1　4.5mで7.2kgの金ぞくのパイプがあります。(5×4)

(1)　このパイプ1mの重さは何kgですか。

式

答え

(2)　このパイプ1kgでは何mですか。

式

答え

2　1Lが0.8kgの油があります。この油が3.2kgでは何Lになりますか。(5×2)

式

答え

3　16.8mのテープがあります。このテープを1.8mずつに切ります。1.8mのテープは何本できて，何mあまりますか。(5×2)

式

答え

4　面積が15.75m²の花だんがあります。たての長さは1.5mです。横の長さは何mですか。(5×2)

式

答え

5　6.5Lで18.2m²のかべをぬりました。(1)と(2)を，それぞれ上から2けたのがい数で求めましょう。(5×4)

(1)　1m²に何Lのペンキをぬっていますか。
式

答え

(2)　1Lで何m²のかべをぬっていますか。
式

答え

6　次の計算には，まちがいがあります。□にあてはまる数字を書きましょう。(5×6)

(1)
```
       6.5
0.04)2.6
     24
      20
      20
       0
```

商の小数点の位置が，ちがいます。

わられる数とわる数を，それぞれ□倍して計算します。

□÷4

正しい答えは□です。

(2)　13あまり10
```
      13
3.2)42.6
    32
    106
     96
     10
```

あまりの小数点の位置が，ちがいます。

たしかめ算をしてみましょう。

□×13+□=42.6

正しい答えは，13あまり□です。

(A3 141%・B4 122%拡大)

月　日

小数倍

名前

1　赤色，白色，青色の３本のロープがあります。赤色のロープは 6m です。(10 × 4)

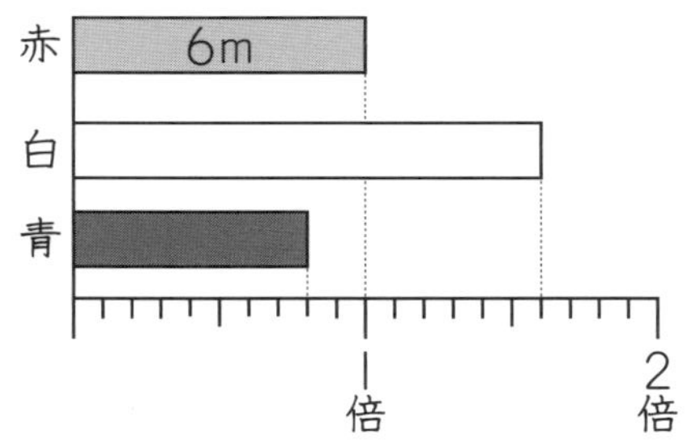

(1)　赤色のロープの 1.6 倍が，白色のロープです。白色のロープの長さは，何 m ですか。

式

答え

(2)　赤色のロープの 0.8 倍が，青色のロープです。青色のロープの長さは，何 m ですか。

式

答え

2　バケツに 4L の水が入っていました。さらに水を入れて，6.8L になりました。
バケツの水は，何倍になりましたか。(10 × 2)

式

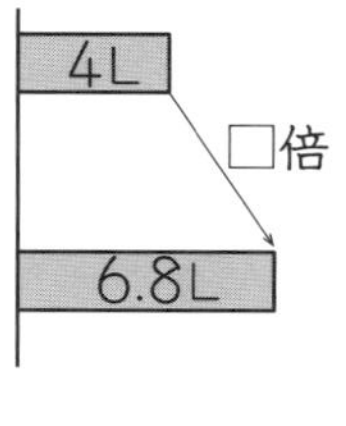

答え

3　コップに 4.8dL のジュースがありましたが，飲んだので 3.6dL になりました。
はじめにあったジュースの，何倍になりましたか。(10 × 2)

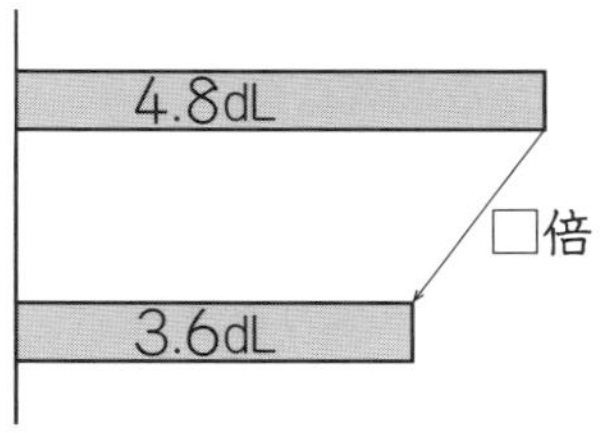

式

答え

4　ともやさんがかっている犬が，9kg になりました。これは，１年前の 2.5 倍にあたるそうです。犬の１年前の体重は，何kg ですか。(10 × 2)

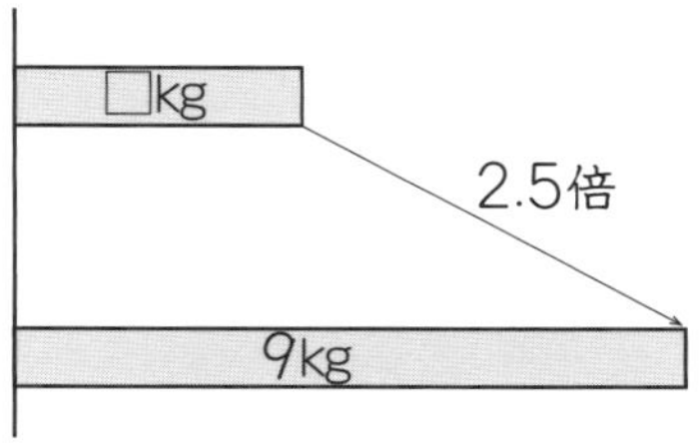

式

答え

(A3 141%・B4 122%拡大)

月　日

小数倍

名前

1 青色，白色，黒色の 3 本のロープがあります。青色のロープは 7.5m です。(5 × 4)

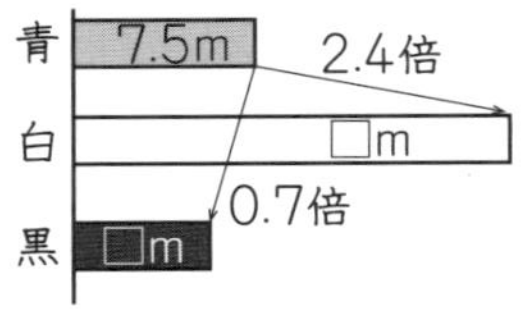

(1) 青色のロープの 2.4 倍が，白色のロープです。白色のロープの長さは，何 m ですか。

式

答え

(2) 青色のロープの 0.7 倍が，黒色のロープです。黒色のロープの長さは，何 m ですか。

式

答え

2 ひまわりが 20cmのときに植えかえました。今では，そのときの 8.7 倍の高さです。今のひまわりの高さは，何 m ですか。(5 × 2)

式

答え

3 A のビンには，5dL牛にゅうが入っています。B のビンには，8dL牛にゅうが入っています。(5 × 4)

(1) B には A の何倍の牛にゅうが入っていますか。

式

答え

(2) A には B の何倍の牛にゅうが入っていますか。

式

答え

4 ゆきやさんの体重は 38kgです。お母さんの体重は 50kgです。(5 × 4)

(1) お母さんの体重は，ゆきやさんの体重の何倍ですか。上から 2 けたのがい数で求めましょう。

式

答え

(2) ゆきやさんの体重は，お母さんの体重の何倍ですか。

式

答え

5 アンパンを 100 円，チョコパンを 120 円で買いました。どちらも，もとのねだんの 0.8 倍です。
もとのねだんは，いくらですか。(5 × 4)

(1) アンパン

式

答え

(2) チョコパン

式

答え

6 木のかげの長さを測ると 3m60cmでした。この長さは，木の高さの 1.2 倍です。木の高さは，何 m ですか。(5 × 2)

式

答え

(A3 141%・B4 122%拡大)

月　日

合同な図形

名前

1　三角形㋐と合同な三角形を 2 つ選んで，□に記号で書きましょう。(5 × 2)

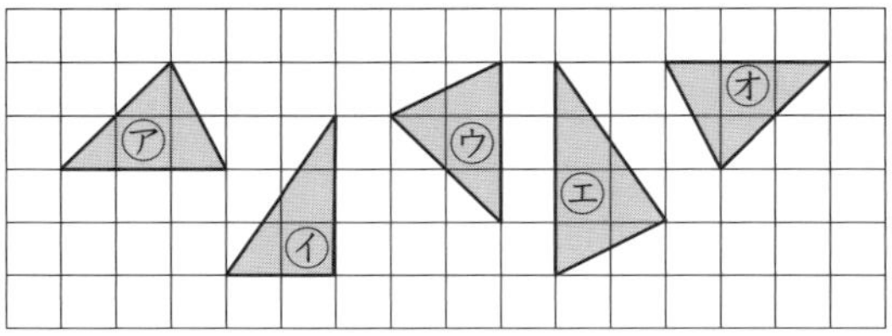

□ □

2　四角形㋕と合同な四角形を 2 つ選んで，□に記号で書きましょう。(5 × 2)

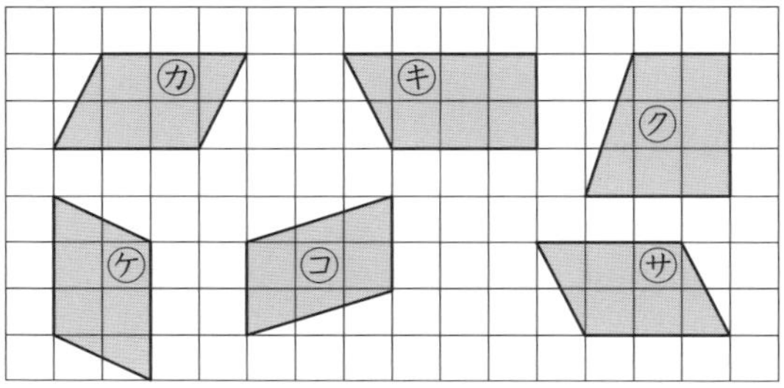

□ □

3　次の 2 つの四角形は合同です。(5 × 4)

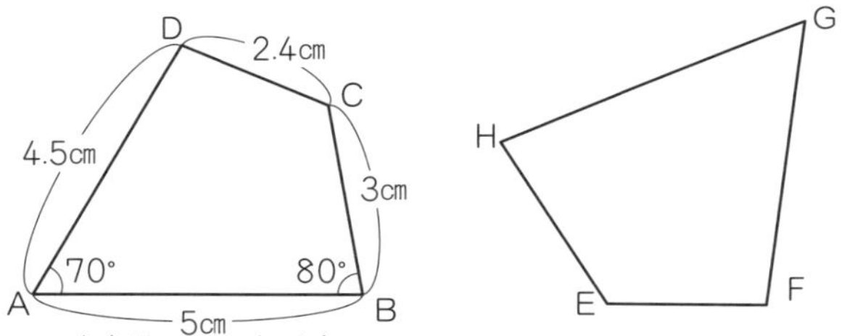

(1)　頂点《ちょうてん》 D に対応《たいおう》するする頂点はどれですか。

□

(2)　辺の長さや角の大きさを書きましょう。

辺 HE □　辺 EF □

角　G □

4　次の四角形の中で，対角線を 1 本ひいてできる三角形が，合同になるものには○を書きましょう。(5 × 2)

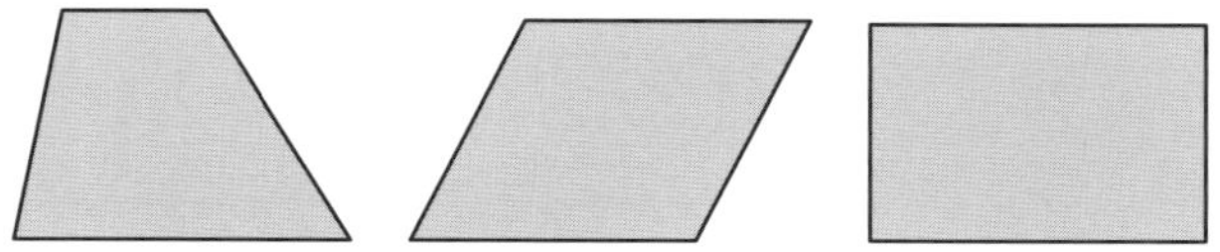

□ □ □

5　次の三角形と合同な三角形をかきましょう。(10 × 3)

(1)　辺の長さが 6cm，5cm，3cmの三角形

(2)　1 つの辺の長さが 5cmで，その両はしの角の大きさが 60° と 40° の三角形

(3)　2 つの辺の長さが 5cmと 3cmで，その間の角の大きさが 30° の三角形

6　次の四角形と合同な四角形をかきましょう。(10 × 2)

(1)　台形

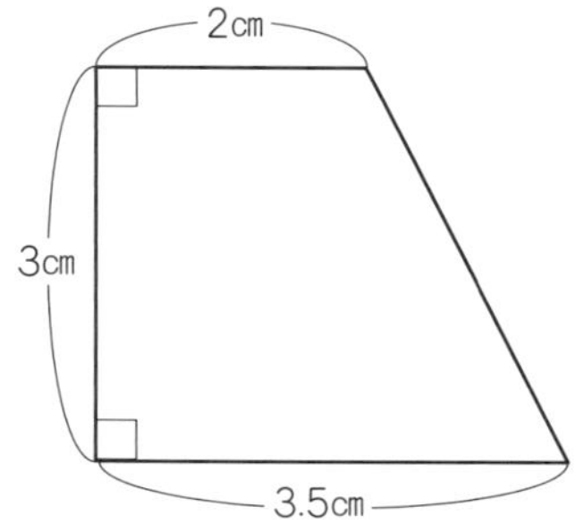

(2)　平行四辺形

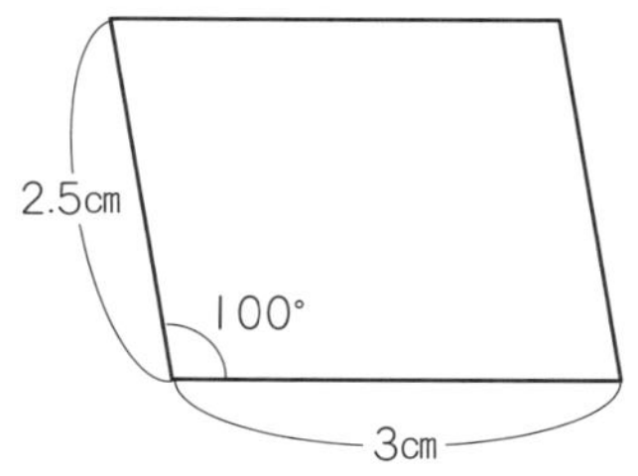

(A3 141%・B4 122%拡大)

月　　日

合同な図形

名前

1　下の三角形と合同な三角形をかきます。
3人は，それぞれもう1つ，どこを測《はか》ればいいですか。□に記号を書きましょう。(10 × 3)

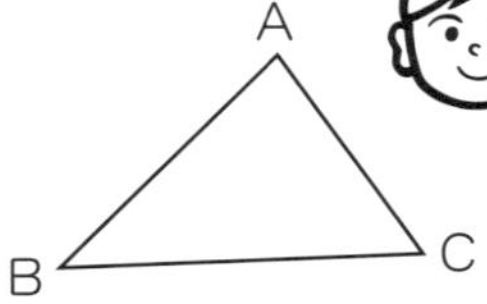

辺ABの長さ
辺BCの長さ
辺□の長さ

辺ABの長さ
辺ACの長さ
角□の大きさ

辺BCの長さ
角Bの大きさ
角□の大きさ

2　下の四角形と合同な四角形をかきます。
かき方の説明について，□にあてはまる言葉を書きましょう。(5 × 4)

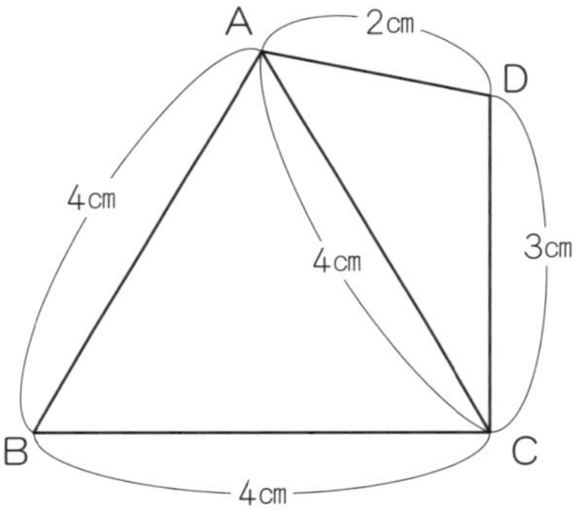

まず，正三角形□をかきます。

次に，コンパスを使って頂点《ちょうてん》□から半径2cm，頂点□から半径3cmの円をかいて，2つの円の交点を頂点□にします。

頂点Dへ，頂点Aと頂点Cから直線をひきます。

3　下の合同な2まいの三角形を合わせてできる図形の名前を書きましょう。(10 × 3)

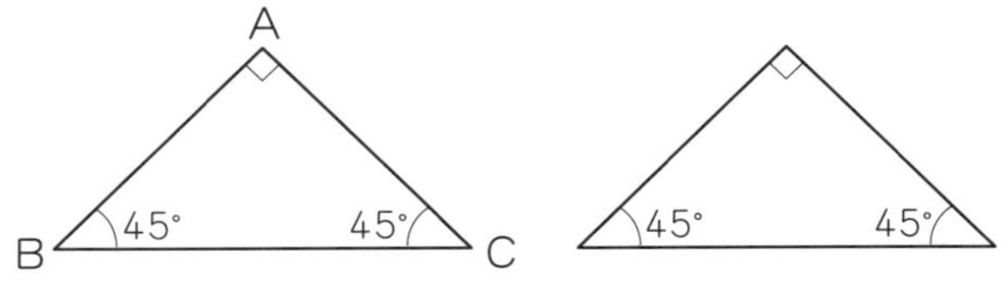

(1)　辺BCと対応する辺を合わせてできる四角形

答え

(2)　辺ABと対応する辺を合わせてできる三角形

答え

(3)　辺ABと対応する辺を合わせてできる四角形

答え

4　下の同じ角度がある2つの三角形について答えましょう。(10 × 2)

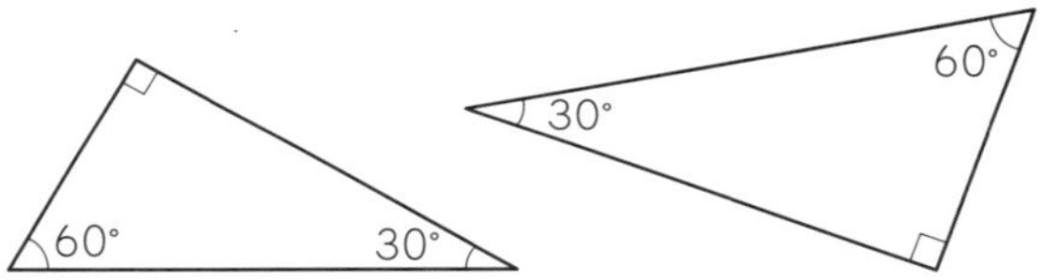

(1)　2つの三角形は合同といえますか。

(いえる ・ いえない)

(2)　(1)で答えた理由を説明しましょう。

(A3 141%・B4 122%拡大)

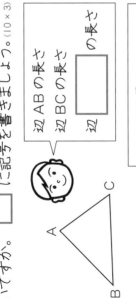

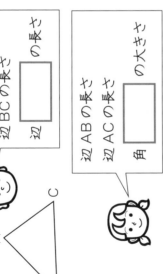

月　日

合同な図形

名前

1　㋐，㋑，㋒と合同な図形をそれぞれ２つずつ選んで，□に記号を書きましょう。(4 × 6)

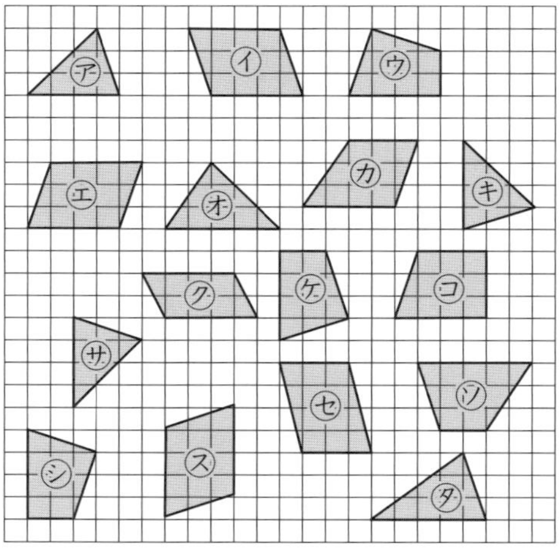

㋐ □ □　㋑ □ □　㋒ □ □

2　次の２つの四角形は合同です。(4 × 6)

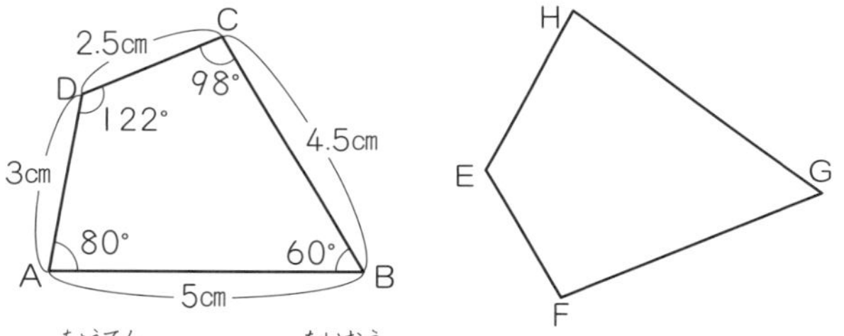

(1)　頂点《ちょうてん》C，Dに対応《たいおう》する頂点はどれですか。

頂点 C □　頂点 D □

(2)　次の辺の長さや角度を書きましょう。

辺 HE □　辺 HG □

角　G □　角　H □

3　次の四角に対角線をひいてできる，合同な三角形をはどれですか。(4 × 3)

長方形

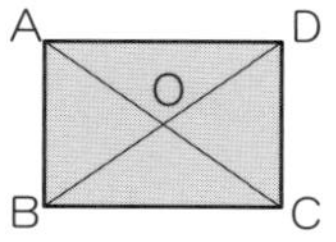

三角形 AOB □

ひし形

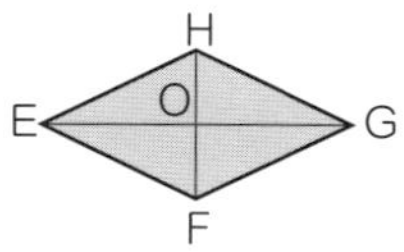

三角形 HEF □

平行四辺形

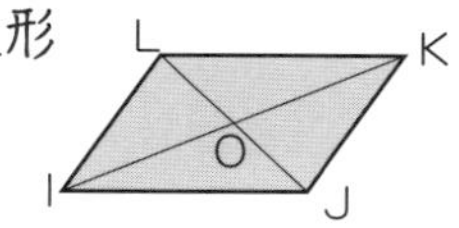

三角形 LOK □

4　次の三角形と合同な三角形をかきましょう。(8 × 3)

(1)　１辺の長さが 3.5cmの正三角形

(2)　１つの辺の長さが 5cmで，その両はしの角の大きさが 50°の二等辺三角形

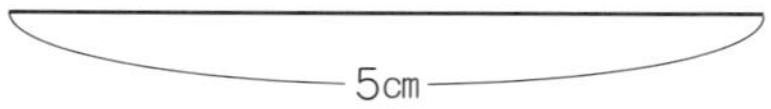

(3)　２つの辺の長さが 5cmと 2cmで，その間の角の大きさが 45°の三角形

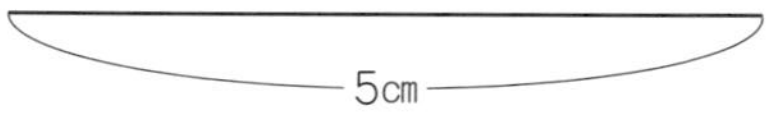

5　次の四角形と合同な四角形をかきましょう。(8 × 2)

(1)　平行四辺形

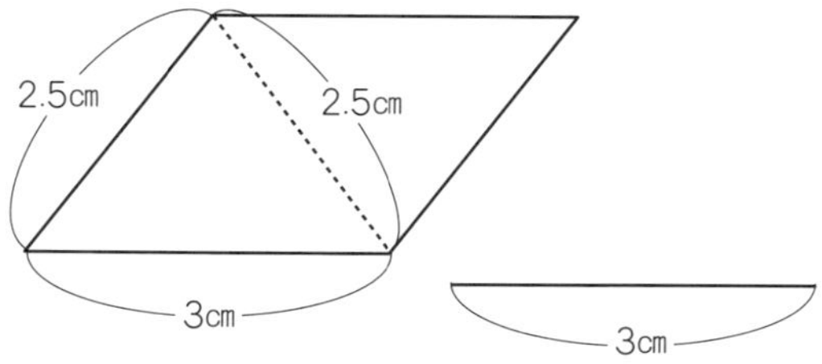

(2)　ひし形

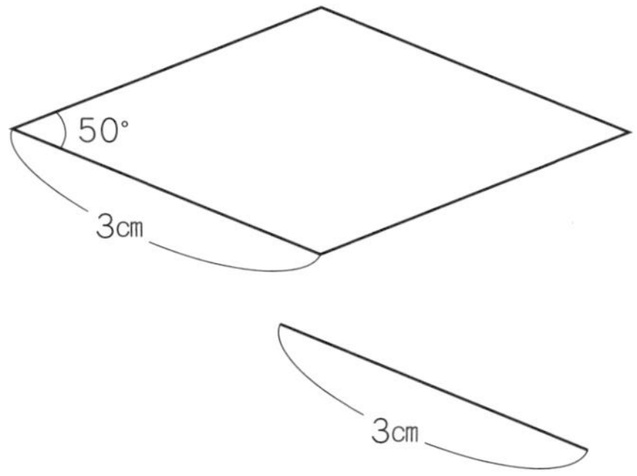

(A3 141%・B4 122%拡大)

合同な図形

名前

1 下の三角形と合同な三角形をかきます。
3人は，それぞれあと2つ，どこを測《はか》ればいいですか。□に記号を書きましょう。(5×6)

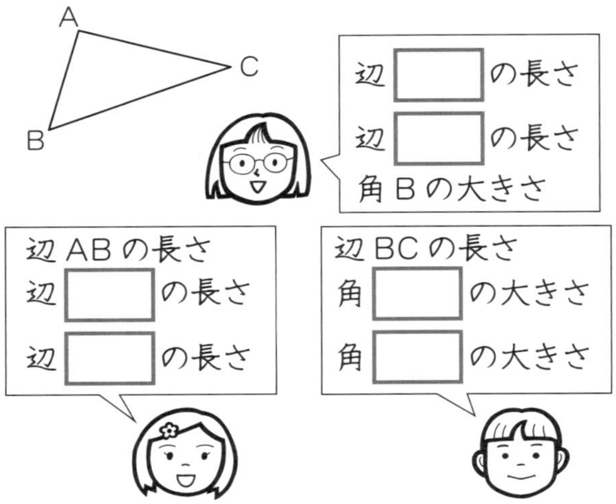

2 辺や角が1つ分かれば，合同な三角形や四角形がかけます。どの辺や角か，□に書きましょう。(5×4)

(1) 正三角形

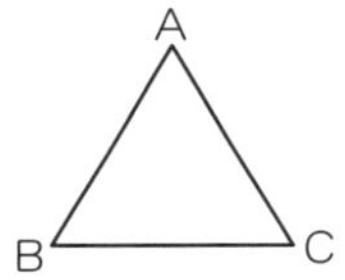

(2) 二等辺三角形

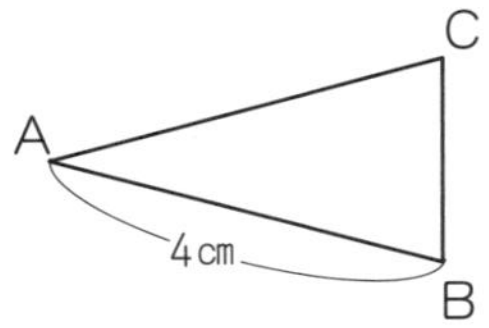

(3) ひし形

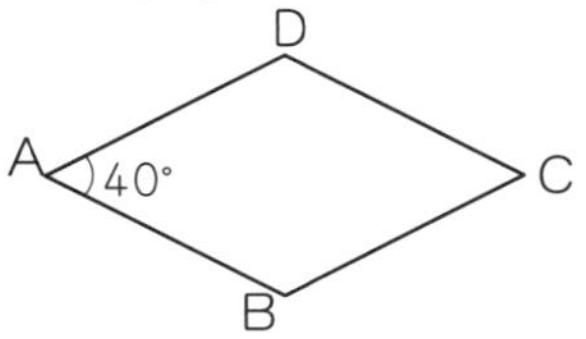

(4) 平行四辺形

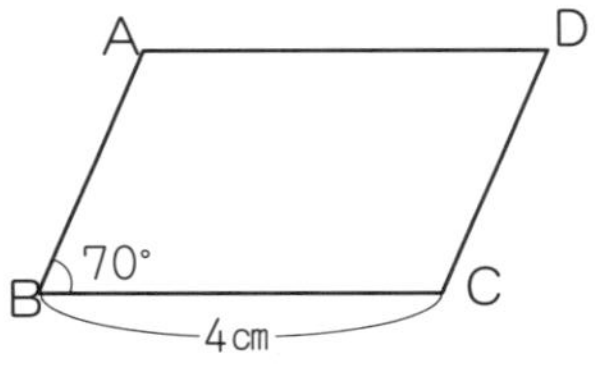

3 下の合同な2まいの三角形を合わせて，できる形をかきましょう。(5×4)

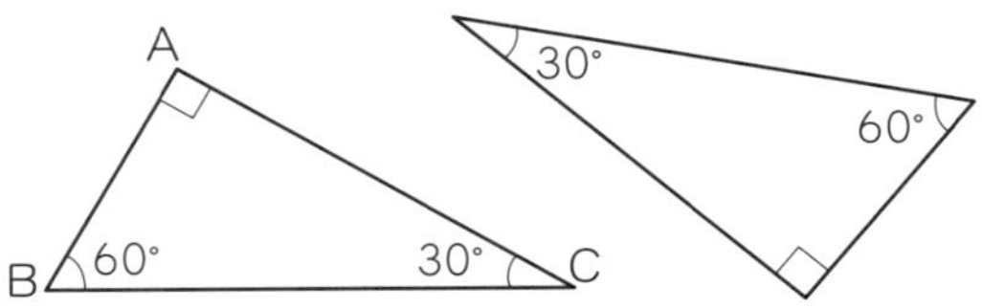

(1) 辺ACと対応する辺を合わせてできる三角形

答え＿＿＿＿＿＿

(2) 辺ACと対応する辺を合わせてできる四角形

答え＿＿＿＿＿＿

(3) 辺ABと対応する辺を合わせてできる三角形

答え＿＿＿＿＿＿

(4) 辺ABと対応する辺を合わせてできる四角形

答え＿＿＿＿＿＿

4 下の三角形や四角形と，合同な図形はかけますか。そう答えた理由も書きましょう。(5×6)

(1)　（ かける ・ かけない ）

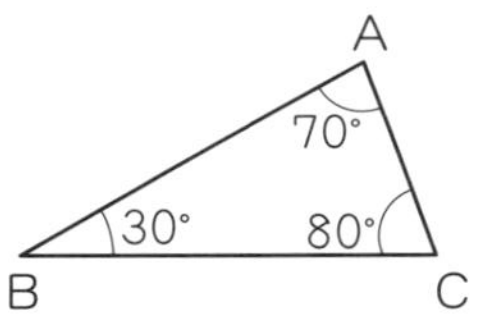

理由

(2) 平行四辺形　（ かける ・ かけない ）

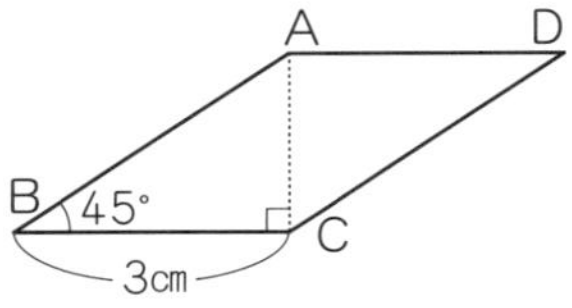

理由

(3)　（ かける ・ かけない ）

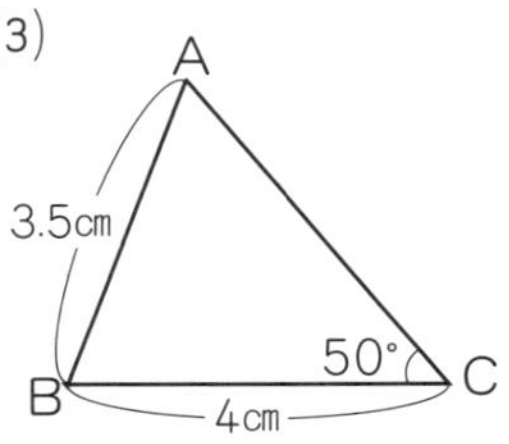

理由

(A3 141%・B4 122%拡大)

 月　日

図形の角

名前

1 三角定規《じょうぎ》の㋐～㋕の角度を書きましょう。(5 × 6)

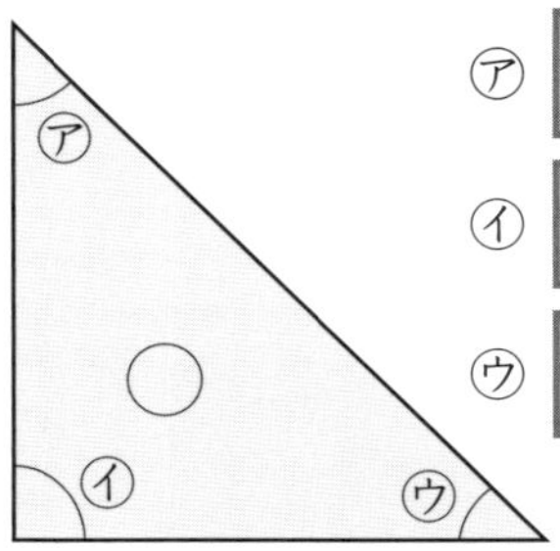

㋐
㋑
㋒

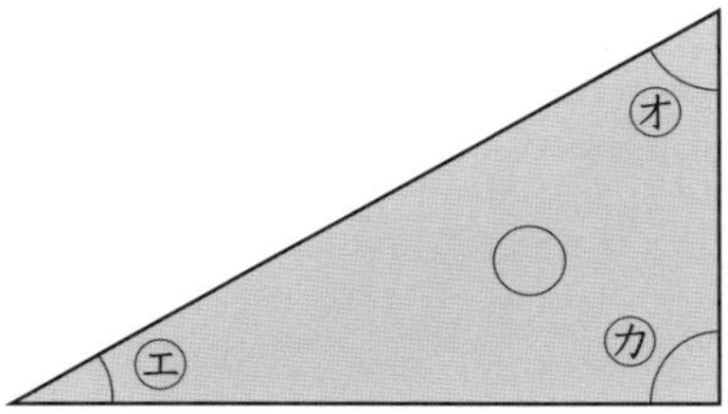

㋓
㋔
㋕

2 次の角度を書きましょう。(15 × 2)

(1) 正三角形

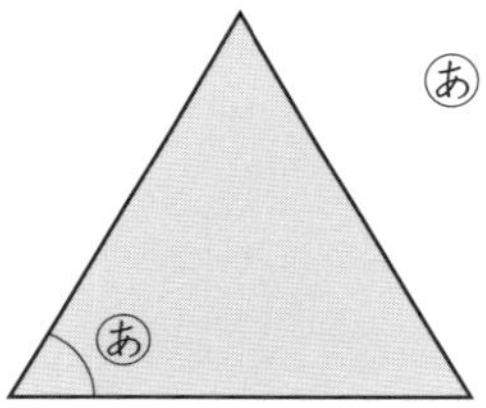

あ

(2) 二等辺三角形

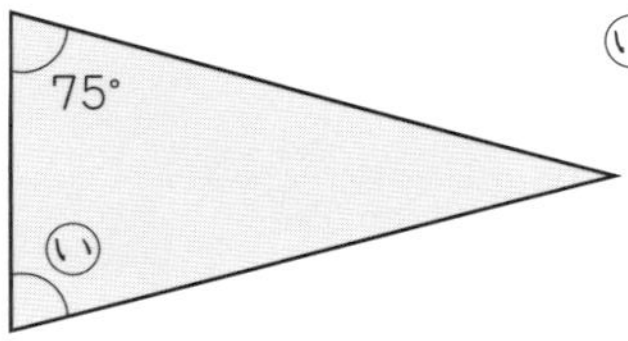

い

3 三角定規を使ってできる角度を書きましょう。(5 × 8)

(1)

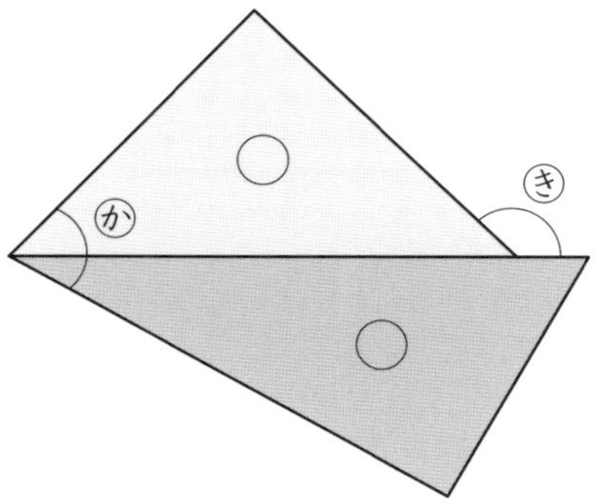

か 式

答え

き 式

答え

(2)

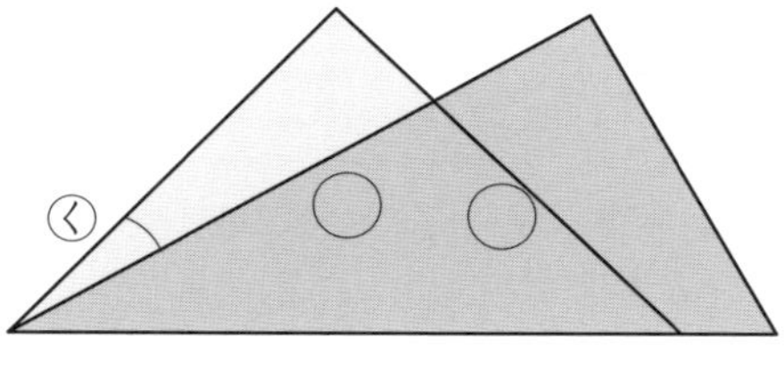

く 式

答え

(3)

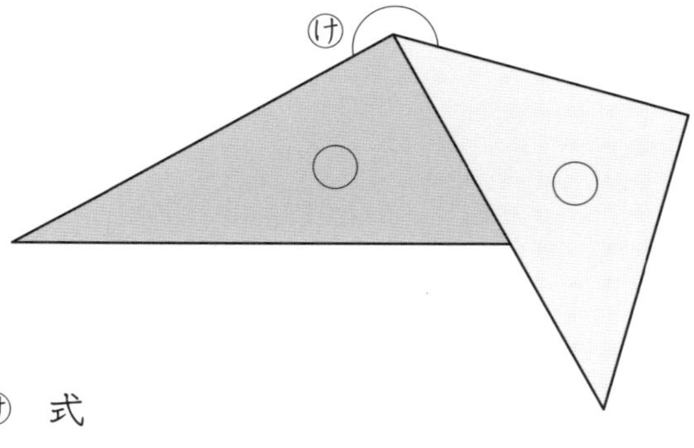

け 式

答え

(A3 141%・B4 122%拡大)

知識技能 A　　　　月　　日

図形の角

名前

1 □ にあてはまる言葉や数字を，下から選んで書きましょう。(5 × 4)

(1) 三角形，四角形のように直線だけで囲《かこ》まれた図形を □ といいます。

(2) 三角形は，どんな三角形でも３つの角の和は □ 度です。

(3) 四角形は，どんな四角形でも４つの角の和は □ 度です。

(4) 多角形のとなり合わない頂点《ちょうてん》を結んだ直線を □ といいます。

数直線・対角線・多角形
90・180・360・500

2 ゆずはさんは，下の図のようにして四角形の４つの角の和を調べました。□ にあてはまる数を書きましょう。(5 × 4)

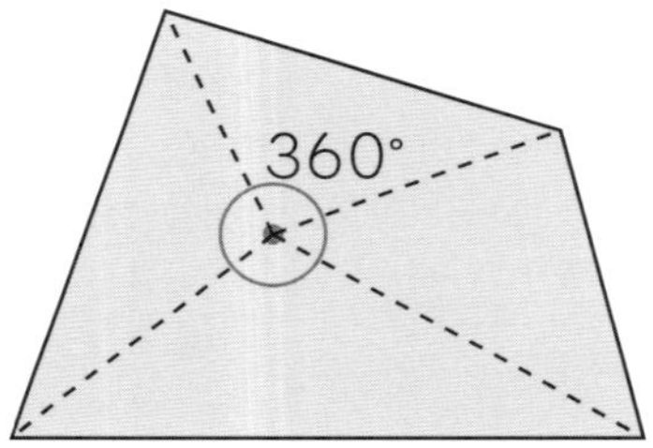

四角形の中に点をとり，
４つの三角形に分けました。
三角形４つ分の角の大きさは，
□°×4＝□°
中の点にある角をひきます。
□°−360＝□°

3 あ～かの角の大きさを，式に書いて求めましょう。(5 × 12)

(1)
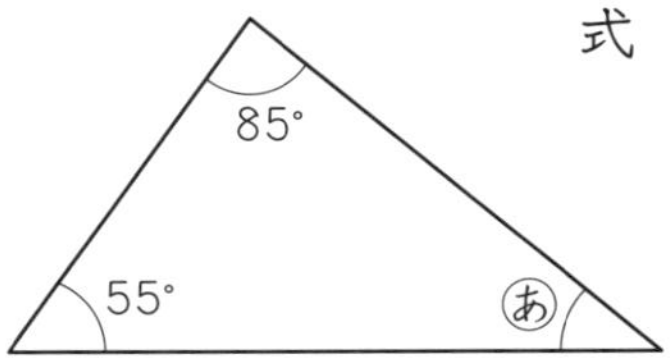

式

答え

(2) 二等辺三角形
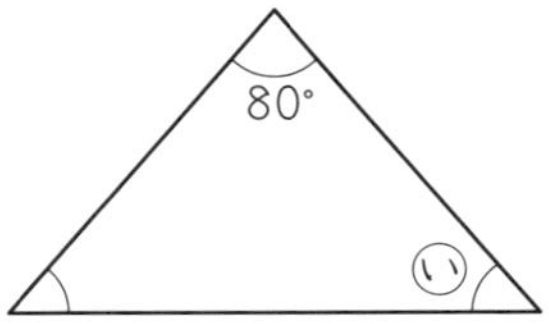

式

答え

(3)
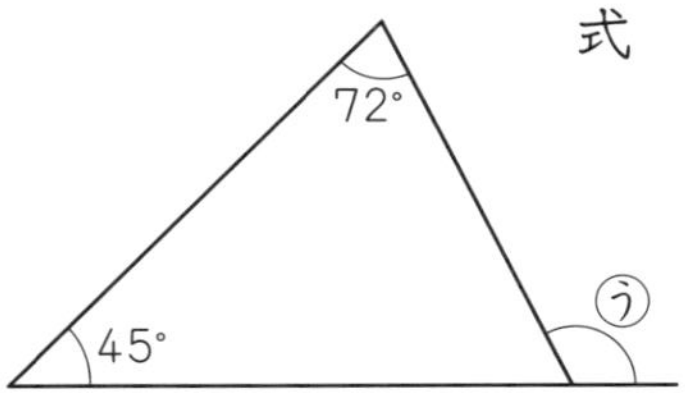

式

答え

(4)
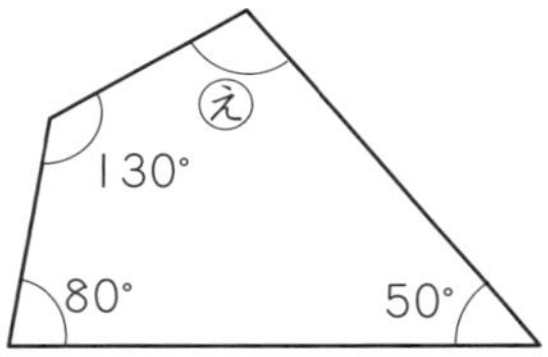

式

答え

(5)
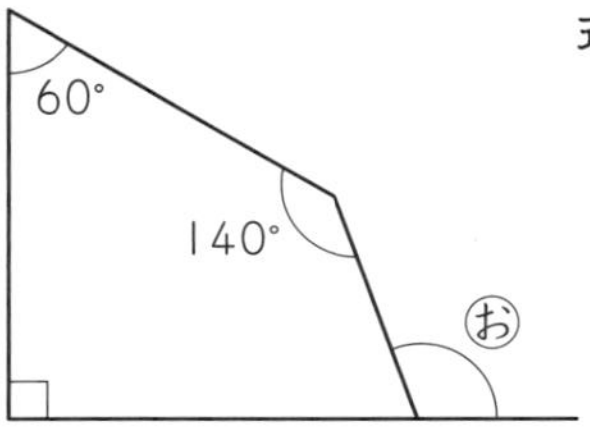

式

答え

(6) 平行四辺形
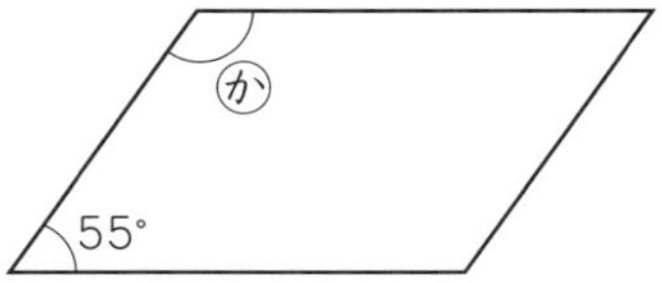

式

答え

(A3 141%・B4 122%拡大)

図形の角

名前

1　たつやさんとるみさんは，五角形の角の大きさの和の求め方を考えて，五角形に対角線をひきました。それぞれの考え方にあてはまる式を，下から選んで記号を書きましょう。(10×2)

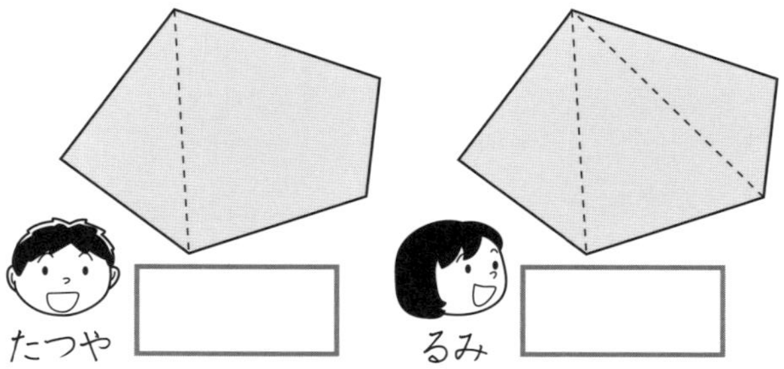

㋐　180°×4－360°
㋑　180°+360°
㋒　180°×3－180°
㋓　180°×3

2　1のるみさんと同じようにして，六角形の角の大きさを求めます。式に書いて，六角形の角の大きさを求めましょう。(10×2)

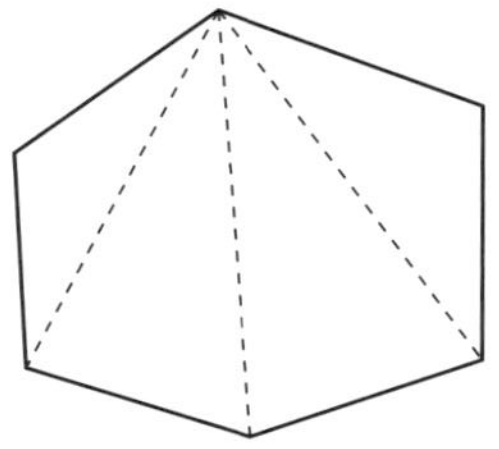

式

答え

3　㋐～㋒の角の大きさを，式に書いて求めましょう。(10×6)

(1)

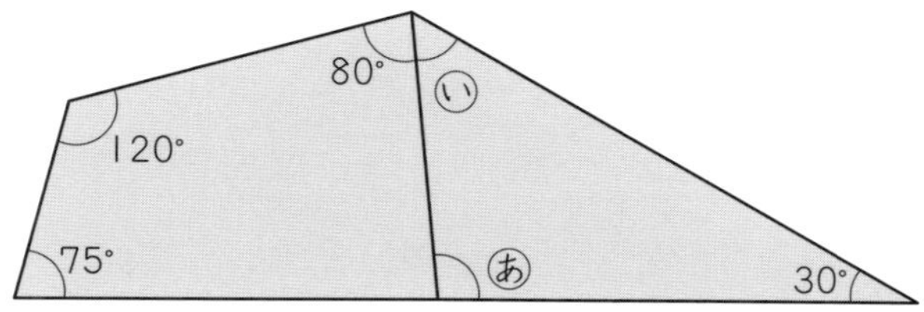

あ　式

答え

い　式

答え

(2)　三角定規《じょうぎ》2まいを組み合わせてできる角

式

答え

(A3 141%・B4 122%拡大)

図形の角

名前 ＿＿＿＿＿＿＿＿

1　□ にあてはまる言葉や数字を書きましょう。(4 × 5)

(1)　三角形は，どんな三角形でも３つの角の和は □ 度です。

(2)　四角形は，どんな四角形でも４つの角の和は □ 度です。

(3)　三角形，四角形のように直線だけで囲《かこ》まれた図形を □ といいます。６本の直線で囲まれた図形は □ といいます。

(4)　多角形のとなり合わない頂点《ちょうてん》を結んだ直線を □ といいます。

2　下の図のようにして，五角形の５つの角の和を調べました。□ にあてはまる数を書きましょう。(4 × 4)

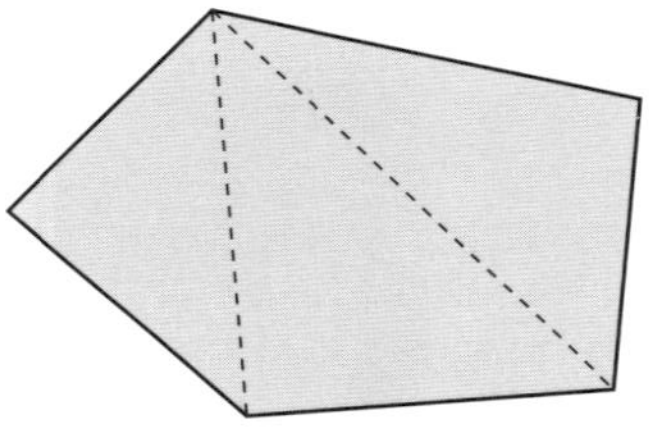

上の図のように１つの頂点から対角線をひくと，三角形が □ つできるので，

五角形の角の和を求める式は，

□ °× □ となり，

五角形の５つの角の和は □ °となる。

3　㋐～㋗の角の大きさを，式に書いて求めましょう。(4 × 16)

(1)

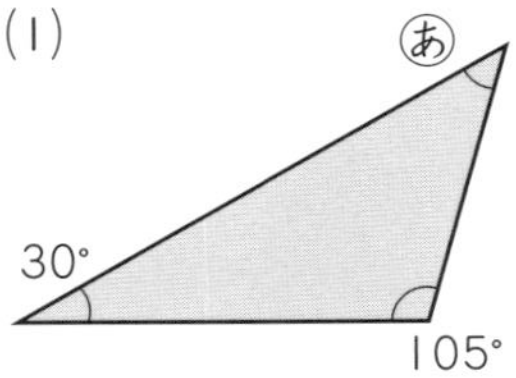

式

答え ＿＿＿＿

(2)

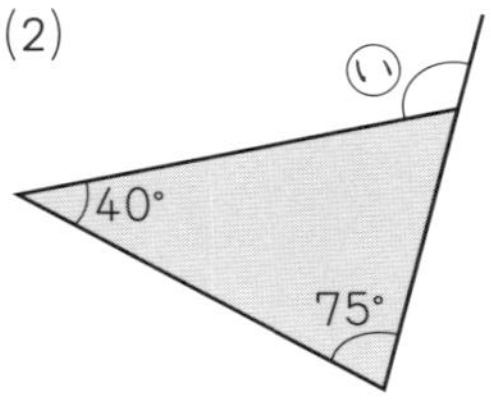

式

答え ＿＿＿＿

(3)　二等辺三角形

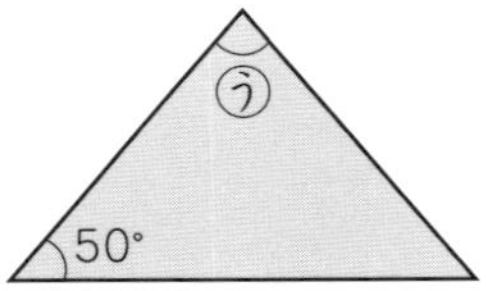

式

答え ＿＿＿＿

(4)

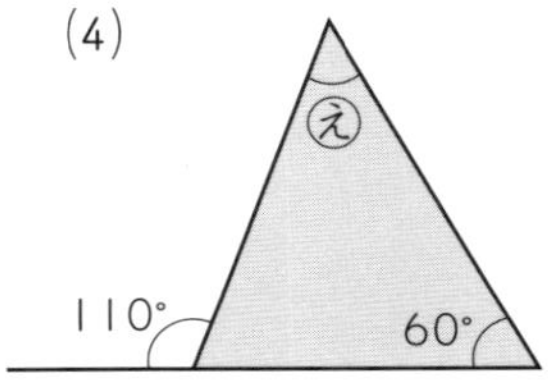

式

答え ＿＿＿＿

(5)

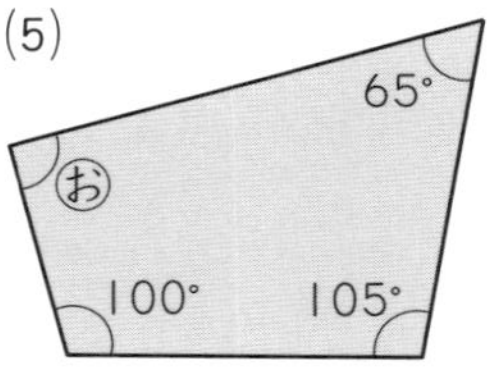

式

答え ＿＿＿＿

(6)　平行四辺形

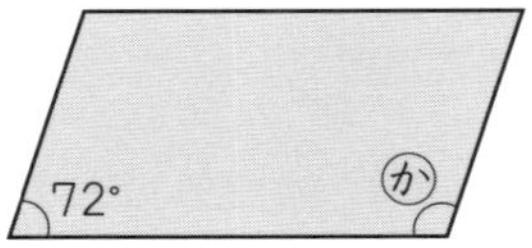

式

答え ＿＿＿＿

(7)　ひし形

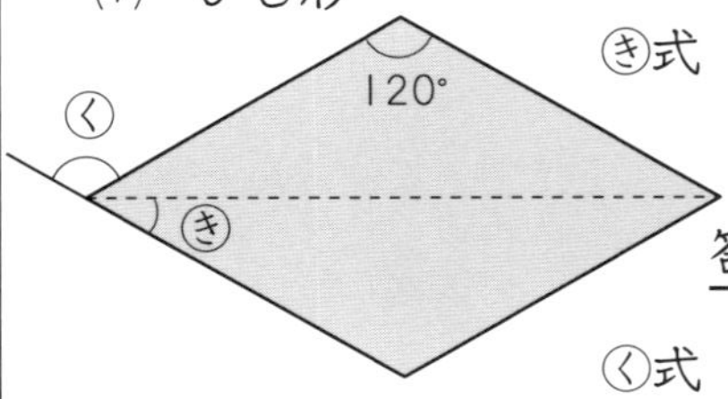

㋖式

答え ＿＿＿＿

㋗式

答え ＿＿＿＿

(A3 141%・B4 122%拡大)

図形の角

名前

1　六角形の角の和を求めるために，右の図のように対角線をひいて考えました。(5 × 8)

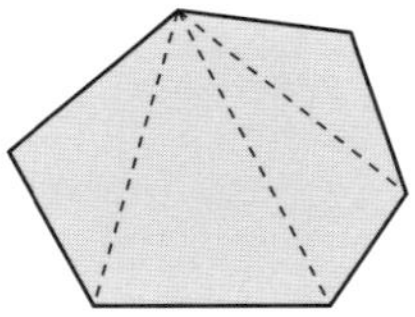

(1)　六角形の角の和を求めた式と答えを書きましょう。

式

答え

(2)　上の六角形のように，七角形や八角形の角の和を求めます。図に対角線をひき三角形に分けて，式と答えを書きましょう。

㋐　七角形

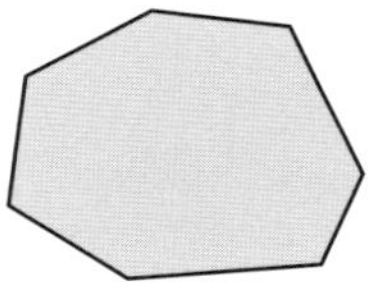

式

答え

㋑　八角形

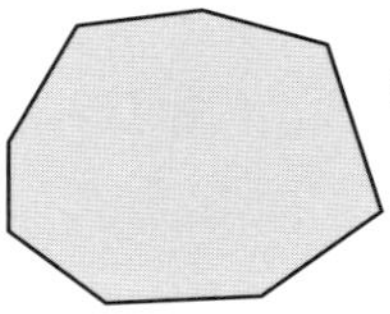

式

答え

2　六角形の角の和を，下の方法で求めました。
①～④の式に合う図を，下のあ～えから選んで，□ に記号を書きましょう。(5 × 4)

① $360° \times 2$ □

② $180° \times 2+360°$ □

③ $180° \times 5-180°$ □

④ $180° \times 6-360°$ □

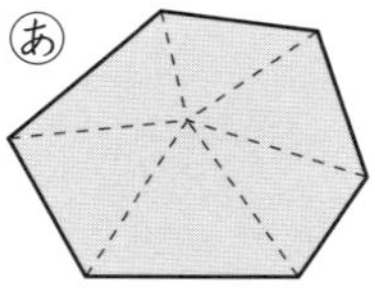

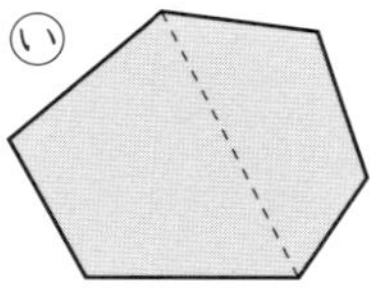

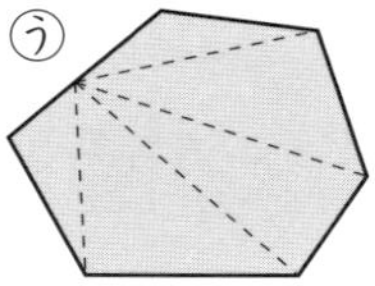

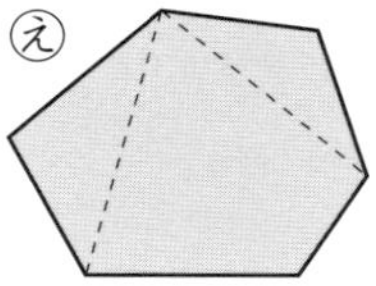

3　あ～えの角の大きさを，式に書いて求めましょう。(5 × 8)

(1)　三角定規《じょうぎ》2まいを組み合わせてできる角

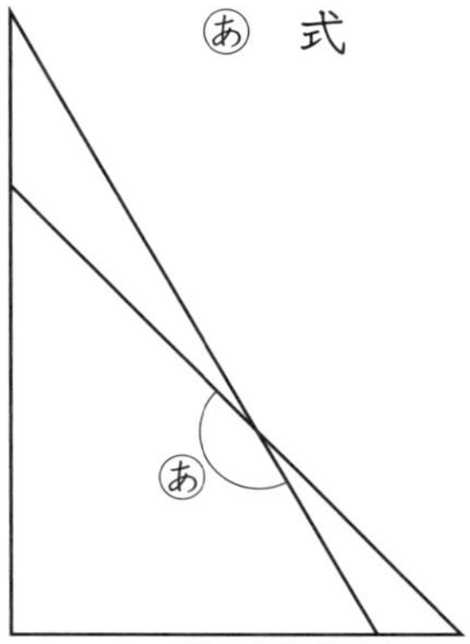

あ　式

答え

(2)　三角定規2まいを組み合わせてできる角

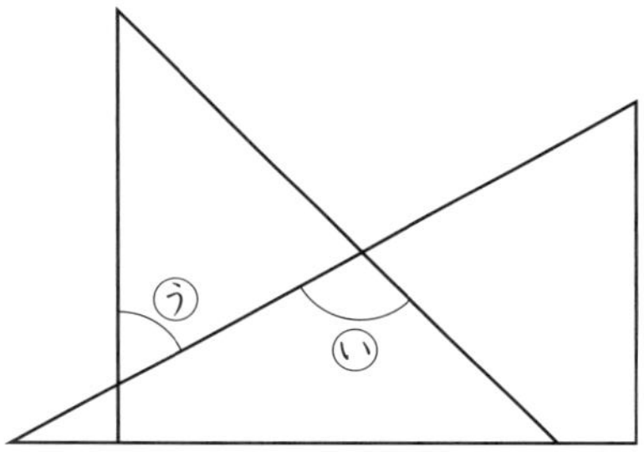

い　式

答え

う　式

答え

(3)

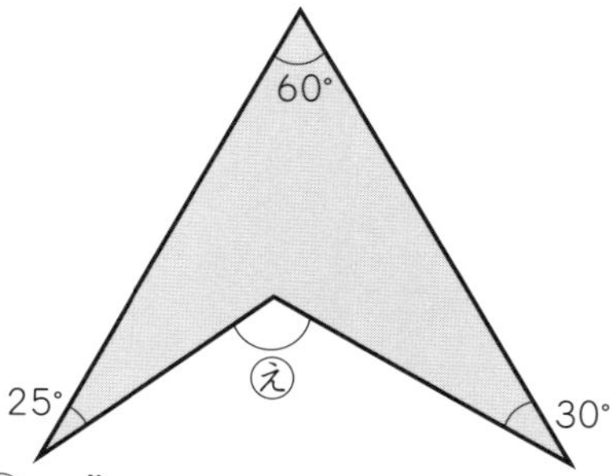

え　式

答え

(A3 141%・B4 122%拡大)

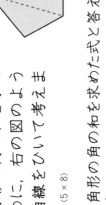

月　日

整数の性質

名前

1 かけ算九九の続きを書きましょう。(5×4)

(1) 6のだん	6×10	6×11	6×12	6×13	6×14
(2) 7のだん	7×10	7×11	7×12	7×13	7×14
(3) 8のだん	8×10	8×11	8×12	8×13	8×14
(4) 9のだん	9×10	9×11	9×12	9×13	9×14

2 次の計算をしましょう。(5×8)

12のかけ算	12×2	12×3	12×4	12×5	12×6
13のかけ算	13×2	13×3	13×4	13×5	13×6
14のかけ算	14×2	14×3	14×4	14×5	14×6
15のかけ算	15×2	15×3	15×4	15×5	15×6
16のかけ算	16×2	16×3	16×4	16×5	16×6
17のかけ算	17×2	17×3	17×4	17×5	17×6
18のかけ算	18×2	18×3	18×4	18×5	18×6
19のかけ算	19×2	19×3	19×4	19×5	19×6

3 次の数が答えになるかけ算をすべて書きましょう。(5×8)

(1) 6

(2) 8

(3) 12　1×12　12×1

(4) 15

(5) 18

(6) 20

(7) 24

(8) 36

(A3 141%・B4 122%拡大)

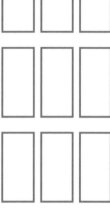

月　日

整数の性質

名前

1 次の数を偶数《ぐうすう》と奇数《きすう》に分けて書きましょう。(5 × 2)

0, 1, 2, 5, 8, 10	
11, 26, 89, 154	

偶数

奇数

2 20までの数で書きましょう。(5 × 4)

(1) 2の倍数と3の倍数を書きましょう。

2の倍数

3の倍数

(2) 2の倍数でも3の倍数でもある数を，すべて書きましょう。

(2と3の公倍数)

(3) 2と3の最小公倍数を書きましょう。

3 8と12について答えましょう。(5 × 4)

(1) 8の約数に○をつけましょう。

0 1 2 3 4 5 6 7 8

(2) 12の約数に○をつけましょう。

0 1 2 3 4 5 6 7 8 9 10 11 12

(3) 8の約数でも，12の約数でもある数をすべて書きましょう。

(8と12の公約数)

(4) 8と12の最大公約数を書きましょう。

4 次の数の倍数を，小さい順に5つ書きましょう。(5 × 2)

(1) 4

(2) 11

5 次の2つの数の最小公倍数を書きましょう。(5 × 3)

(1) 3と5

(2) 4と6

(3) 2と11

6 次の数の約数をすべて書きましょう。(5 × 2)

(1) 20

(2) 36

7 次の2つの数の公約数を，すべて書きましょう。また，最大公約数には，○をつけましょう。(5 × 3)

(1) 8と12

(2) 15と21

(3) 18と24

(A3 141%・B4 122%拡大)

整数の性質

名前

1 厚《あつ》さ6cmと8cmの箱を積み重ねます。

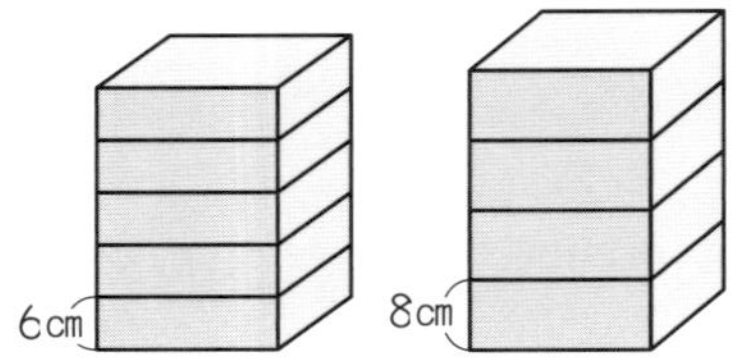

(1) それぞれの箱を積み重ねたときの箱の高さを，表にまとめましょう。(10)

箱の数(個)	1	2	3	4	5	6
6cmの箱の高さ(cm)	6	12				
8cmの箱の高さ(cm)	8					

(2) 2種類の箱の高さが，はじめて等しくなるのは何cmですか。
　また，そのときそれぞれの箱の個数は，何個ですか。(10×3)

□ cm

6cmの箱 □ 個　8cmの箱 □ 個

(3) 次に箱の高さが同じになるのは何cmですか。(10)

□ cm

2 たて3cm，横4cmの長方形の色板をならべて正方形を作ります。いちばん小さな正方形の1辺の長さは何cmですか。(10)

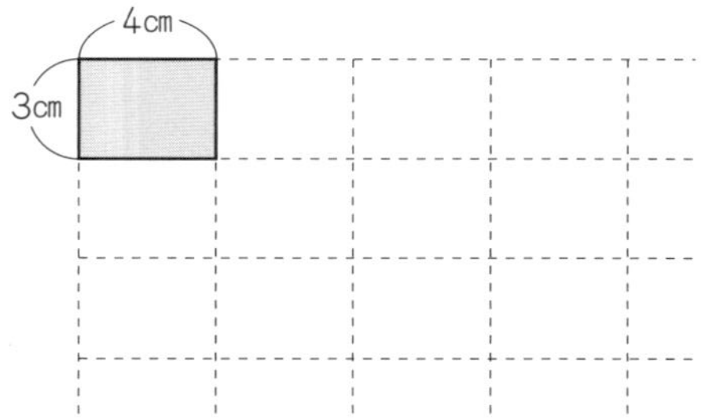

□ cm

3 たて16cm，横20cmの板に正方形の色タイルをすき間なくはります。1辺が何cmの正方形ならすき間なくはれるでしょうか。

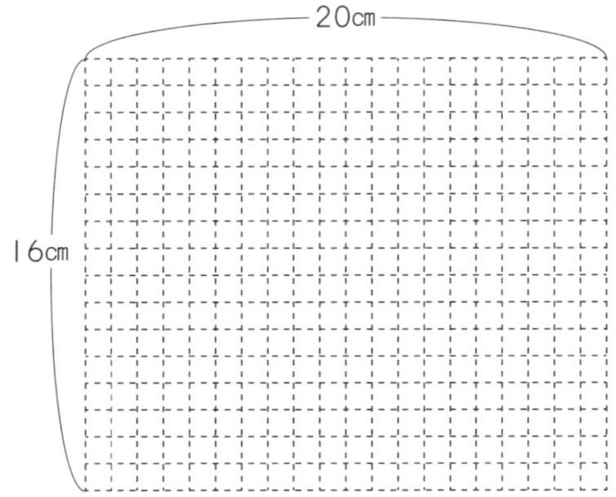

(1) 1辺の長さが次の長さのとき，しきつめることはできますか。できる場合は○，できない場合は×を書きましょう。(2×5)

㋐ 1辺が1cmの正方形（　）

㋑ 1辺が2cmの正方形（　）

㋒ 1辺が3cmの正方形（　）

㋓ 1辺が4cmの正方形（　）

㋔ 1辺が5cmの正方形（　）

(2) しきつめることができるいちばん大きな正方形は，1辺が何cmですか。また，そのときに色タイルは何まい使いますか。(10×2)

1辺 □ cm　タイル □ まい

4 あめが21個，チョコレートが28個あります。あまりがないように，それぞれ同じ数ずつ，できるだけ多くの人に配ります。
　何人に配ることができますか。(10)

□ 人

(A3 141%・B4 122%拡大)

月　日

整数の性質

名前

1 次の数を偶数《ぐうすう》と奇数《きすう》に分けて書きましょう。(4 × 2)

0, 1, 2, 5, 8, 11, 17
50, 76, 101, 912, 2005

偶数

奇数

2 40までの数で書きましょう。(4 × 5)

(1) 4の倍数と6の倍数を書きましょう。

4の倍数

6の倍数

(2) 40までの数で4と6の公倍数を，すべて書きましょう。

(3) 4と6の公倍数は何の数の倍数ですか。

(4) 4と6の最小公倍数は何ですか。

3 次の2つの数の約数について答えましょう。(4 × 4)

12, 18

(1) 12の約数をすべて書きましょう。

(2) 18の約数をすべて書きましょう。

(3) 12と18の公約数をすべて書きましょう。

(4) 12と18の最大公約数を書きましょう。

4 次の数の倍数を，小さい順に5つ書きましょう。(4 × 2)

(1) 7

(2) 15

5 次の2つ，または3つの数の公倍数を，小さい順に3つ書きましょう。(4 × 5)

(1) 3と7

(2) 6と9

(3) 8と12

(4) 10と15

(5) 2と3と5

6 次の数の約数を，すべて書きましょう。(4 × 2)

(1) 28

(2) 60

7 次の2つ，または3つの数の公約数を，すべて書きましょう。また，最大公約数に○をつけましょう。(4 × 5)

(1) 12と20

(2) 9と36

(3) 15と25

(4) 56と64

(5) 12と18と24

(A3 141%・B4 122%拡大)

月　日

整数の性質

名前

1　下の３まいのカードを使って考えましょう。(5×4)

3　4　5

(1)　１回ずつ使ってできる３けたの数の，いちばん大きい偶数《ぐうすう》といちばん大きい奇数《きすう》

いちばん大きい偶数 □□□

いちばん大きい奇数 □□□

(2)　１回ずつ使ってできる３けたのいちばん小さい偶数といちばん小さい奇数

いちばん小さい偶数 □□□

いちばん小さい奇数 □□□

2　たて８cm，横１２cmの長方形の色板をならべて正方形を作ります。いちばん小さな正方形の１辺の長さは，何cmですか。

また，そのときの色板は何まいですか。(5×2)

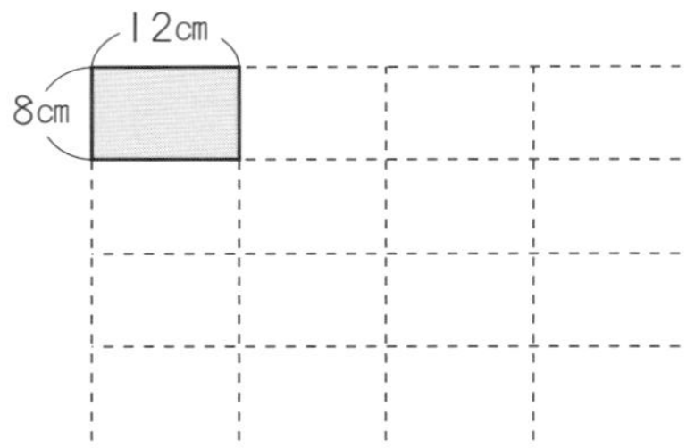

１辺の長さ □ cm　□ まい

3　ある駅をバスは１２分おきに，電車は１８分おきに出発します。午前９時に，バスと電車が同時に出発しました。(5×2)

(1)　次に，バスと電車が同時に出発するのは，何時何分ですか。

午前 □

(2)　(1)の時こくの次に，同時に出発するのは何時何分ですか。

午前 □

4　たて３６cm，横４８cmの色画用紙があります。この色画用紙から，同じ大きさの正方形を，あまりが出ないように切り取ります。

切り取ることができるいちばん大きい正方形は，１辺何cmですか。また，そのとき正方形は何まい切り取れますか。(5×2)

１辺の長さ □ cm　□ まい

5　赤い花が２８本，黄色の花が４２本あります。それぞれ同じ本数ずつ，できるだけ多くの人に配ります。何人に配ることができますか。

また，そのとき赤い花と黄色の花は，何本ずつになりますか。(5×2)

□ 人

赤い花 □ 本　黄色い花 □ 本

6　厚《あつ》さ９cmと１２cmの箱を積み重ねます。２種類の箱の高さがはじめて等しくなるのは，高さ何cmですか。また，そのときそれぞれの箱の個数は何個ですか。(5×2)

□ cm

９cmの箱 □ 個　１２cmの箱 □ 個

7　それぞれの言葉の式を表している図を，㋐〜㋒から選びましょう。また，答えは偶数・奇数のどちらになるか，○をつけましょう。(5×6)

偶数＋偶数 □ （ 偶数 ・ 奇数 ）

奇数＋奇数 □ （ 偶数 ・ 奇数 ）

偶数＋奇数 □ （ 偶数 ・ 奇数 ）

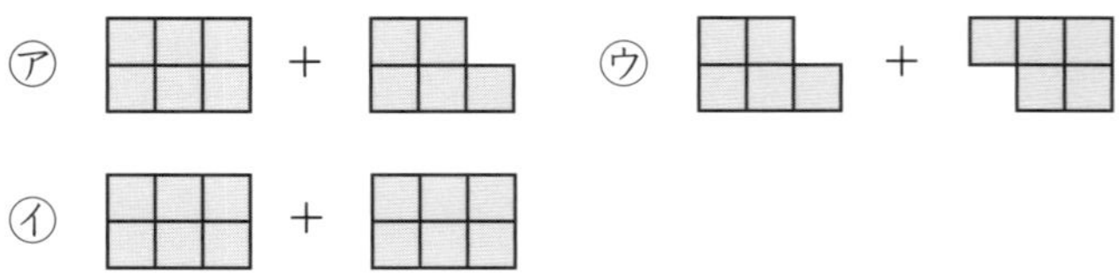

(A3 141%・B4 122%拡大)

月　日

分数と小数整数の関係

名前

1 わり切れるまで計算しましょう。(5×4)

(1) 9 ÷ 5　(2) 3 ÷ 4　(3) 5 ÷ 8　(4) 16 ÷ 25

2 □ にあてはまる数を書きましょう。(5×4)

(1) $0.1=\frac{1}{\square}$　(2) $0.01=\frac{1}{\square}$　(3) $0.001=\frac{1}{\square}$　(4) $0.5=\frac{1}{\square}$

3 次の小数や分数を図に表し，大小を比《くら》べて，不等号を □ に書きましょう。(5×8)

(1) $\frac{4}{10}$ L □ 0.3L

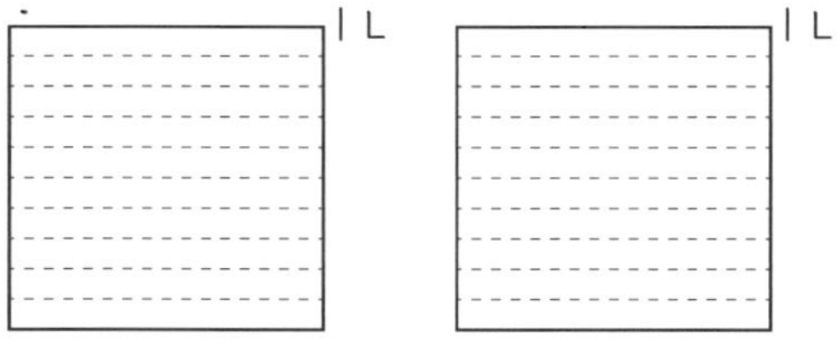

(2) 0.2L □ $\frac{1}{4}$ L

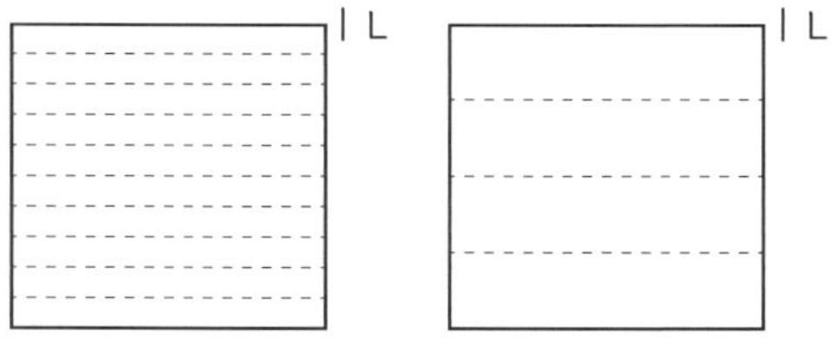

(3) 1.2m □ $1\frac{1}{2}$ m

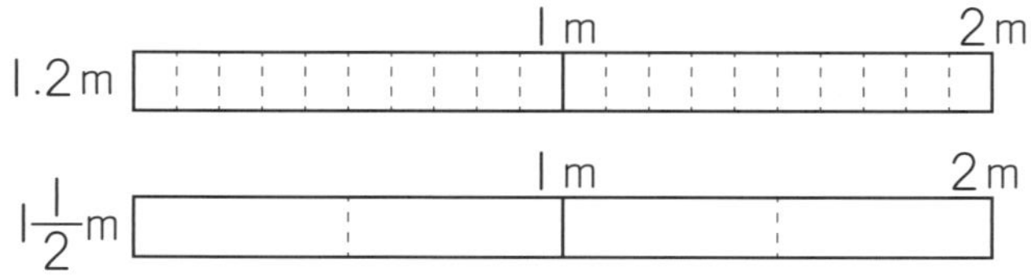

(4) $\frac{1}{3}$ m □ 0.3m

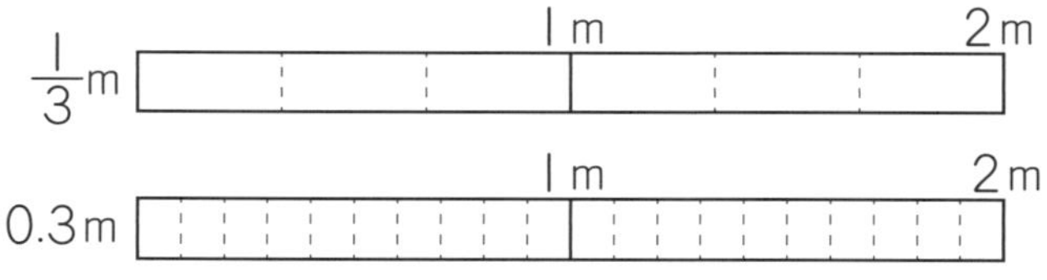

4 赤，青，黄の 3 本のテープの長さを比べましょう。(5×4)

(1) 赤のテープは，青のテープの何倍ですか。

式

答え

(2) 赤のテープは，黄のテープの何倍ですか。

式

答え

(A3 141%・B4 122%拡大)

知識技能 A

月　日

分数と小数整数の関係

名前

1　次のわり算の商を，分数で表しましょう。(5 × 3)

(1)　2 ÷ 7

(2)　4 ÷ 9

(3)　11 ÷ 20

2　□ にあてはまる数を書きましょう。(5 × 3)

(1)　$\frac{2}{5}$ = 2 ÷ □

(2)　$\frac{4}{3}$ = □ ÷ □

(3)　$\frac{8}{11}$ = □ ÷ □

3　次の分数を，小数や整数にしましょう。
わり切れない場合は，$\frac{1}{100}$ の位までのがい数で表しましょう。(5 × 4)

(1)　$\frac{5}{8}$

(2)　$\frac{7}{25}$

(3)　$\frac{18}{6}$

(4)　$\frac{14}{9}$

4　次の小数や整数を，分数で表しましょう。(5 × 4)

(1)　0.7

(2)　2.81

(3)　0.137

(4)　12

5　□ にあてはまる不等号を書きましょう。(5 × 3)

(1)　$\frac{4}{7}$ □ 0.5

(2)　1.2 □ $\frac{5}{4}$

(3)　1.6 □ $\frac{12}{7}$

6　㋐～㋒の数を，下の数直線に↑で書き入れましょう。(5 × 3)

㋐ 1.6　㋑ $\frac{4}{5}$　㋒ $1\frac{5}{20}$

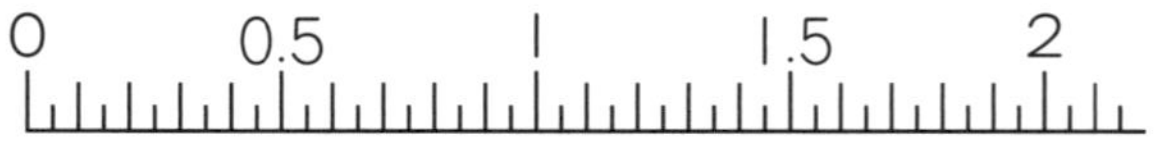

(A3 141%・B4 122%拡大)

月　　日

分数と小数整数の関係

名前

1　3Lのジュースを7人で等しく分けます。
1人分は，何Lになりますか。分数で答えましょう。（10×2）

式

答え

2　緑色のロープは4m，黄色のロープは3mです。
緑色のロープは，黄色のロープの何倍ですか。分数で表しましょう。（10×2）

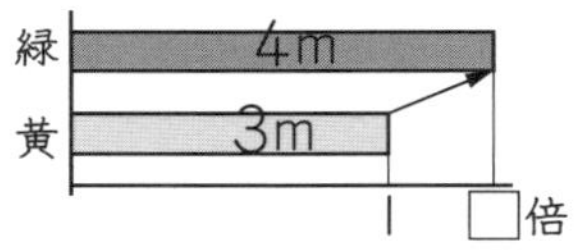

式

答え

3　親犬の体重は15kg，子犬の体重は4kgです。
親犬の体重は，子犬の体重の何倍ですか。分数で表しましょう。（10×2）

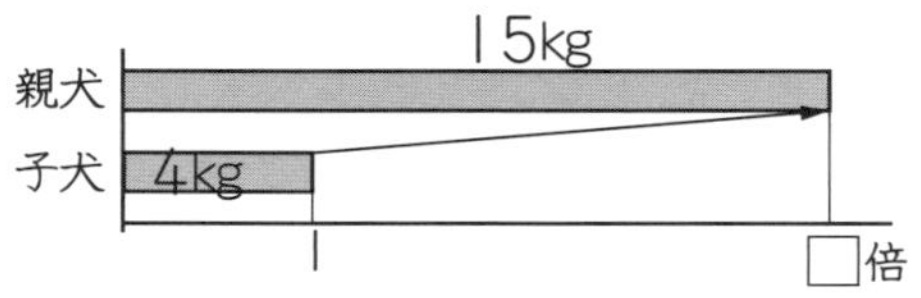

式

答え

4　はるかさんは4km，こうたさんは7km歩きました。
はるかさんは，こうたさんの何倍歩きましたか。分数で表しましょう。（10×2）

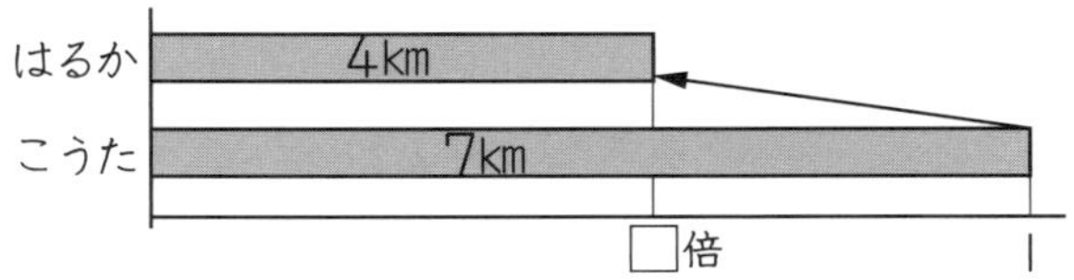

式

答え

5　冷水ポットには5L，ペットボトルには2Lの水が入ります。
ペットボトルには，冷水ポットの何倍の水が入りますか。分数で表しましょう。（10×2）

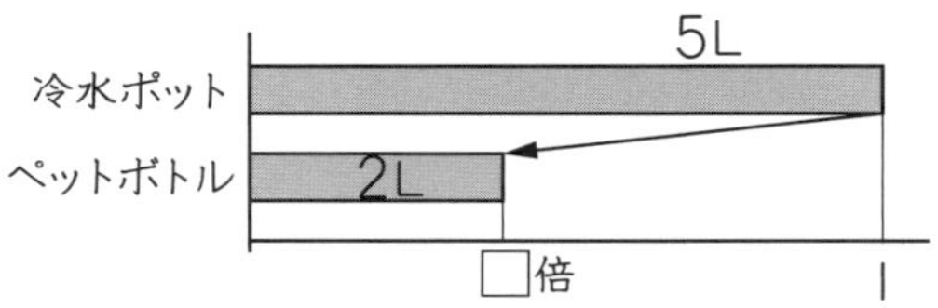

式

答え

(A3 141%・B4 122%拡大)

知識技能 B　　　　　　　　月　　日

分数と小数整数の関係

名前 ＿＿＿＿＿＿＿＿

1 次のわり算の商を，分数で表しましょう。(4 × 2)

(1) 7 ÷ 9　　(2) 5 ÷ 12

2 □ にあてはまる数を書きましょう。(4 × 2)

(1) $\frac{3}{4}$ = □ ÷ □

(2) $\frac{7}{4}$ = □ ÷ □

3 次のわり算の商を，分数と小数で表しましょう。(4 × 4)

(1) 4 ÷ 5　分数 □　小数 □

(2) 7 ÷ 25　分数 □　小数 □

4 次の分数を，小数か整数にしましょう。
わり切れない場合は，$\frac{1}{100}$ の位までのがい数で表しましょう。(4 × 6)

(1) $\frac{9}{8}$ □

(2) $1\frac{3}{4}$ □

(3) $\frac{28}{7}$ □

(4) $\frac{4}{13}$ □

(5) $\frac{85}{17}$ □

(6) $\frac{71}{15}$ □

5 次の小数や整数を，分数で表しましょう。(4 × 4)

(1) 0.9 □

(2) 0.41 □

(3) 2.129 □

(4) 8 □

6 □ にあてはまる不等号を書きましょう。(4 × 5)

(1) $\frac{3}{5}$ □ 0.4

(2) 0.25 □ $\frac{4}{15}$

(3) 1.15 □ $\frac{7}{6}$

(4) $\frac{11}{8}$ □ 1.35

(5) $2\frac{1}{9}$ □ 2.01

7 次の数を小さい順に並べましょう。(4 × 2)

(1) (0.46, $\frac{9}{20}$, $\frac{4}{9}$)

□ ⇒ □ ⇒ □

(2) (1.77, $1\frac{8}{11}$, $1\frac{5}{7}$, $1\frac{17}{20}$)

□ ⇒ □ ⇒ □ ⇒ □

(A3 141%・B4 122%拡大)

月　　日

分数と小数整数の関係

名前

1　4Lのジュースを7人で等しく分けます。1人分は，何Lになりますか。分数で表しましょう。(5×2)

式

答え

2　11mのテープを3等分しました。1本分の長さは，何mですか。分数で表しましょう。(5×2)

式

答え

3　コップに2dL，ペットボトルに3dL，ビンには7dL水が入っています。(5×6)

(1)　ペットボトルには，コップの何倍の水が入っていますか。分数で表しましょう。

式

答え

(2)　コップには，ペットボトルの何倍の水が入っていますか。分数で表しましょう。

式

答え

(3)　びんにはコップの何倍の水が入っていますか。分数で表しましょう。

式

答え

4　クワガタムシの体長は11cmです。ヘラクレスオオカブトの体長は18cmです。(5×4)

(1)　ヘラクレスオオカブトの体長は，クワガタムシの何倍ですか。分数で表しましょう。

式

答え

(2)　クワガタムシの体長は，ヘラクレスオオカブトの何倍ですか。分数で表しましょう。

式

答え

5　るなさんと，こうきさんと，あさひさんの家から駅までの道のりは，右の表のようになっています。(5×6)

	道のり(km)
るな	3
こうき	4
あさひ	5

(1)　あさひさんの家からの駅までの道のりは，るなさんの何倍ですか。分数で表しましょう。

式

答え

(2)　こうきさんの家からの駅までの道のりは，るなさんの何倍ですか。分数で表しましょう。

式

答え

(3)　こうきさんの家からの駅までの道のりは，あさひさんの何倍ですか。分数で表しましょう。

式

答え

(A3 141%・B4 122%拡大)

月　日

分数のたし算ひき算

名前

1　帯分数《たいぶんすう》を仮分数《かぶんすう》にしましょう。(5 × 4)

(1) $1\frac{3}{5}$　(2) $2\frac{3}{4}$　(3) $4\frac{2}{7}$　(4) $5\frac{1}{3}$

2　仮分数を帯分数にしましょう。(5 × 4)

(1) $\frac{5}{3}$　(2) $\frac{25}{9}$　(3) $\frac{13}{2}$　(4) $\frac{35}{6}$

3　たし算をしましょう。(5 × 4)

(1) $\frac{2}{7}+\frac{3}{7}$　(2) $\frac{5}{9}+\frac{4}{9}$

(3) $1\frac{3}{4}+\frac{3}{4}$　(4) $\frac{2}{3}+2\frac{2}{3}$

4　ひき算をしましょう。(5 × 4)

(1) $\frac{7}{8}-\frac{4}{8}$　(2) $1-\frac{3}{7}$

(3) $1\frac{2}{9}-\frac{7}{9}$　(4) $3-\frac{5}{6}$

5　オレンジジュースが $\frac{5}{12}$ Lあります。リンゴジュースが $\frac{11}{12}$ Lあります。(5 × 4)

(1) どちらが何L多いですか。

式

答え

(2) 全部で何Lありますか。

式

答え

(A3 141%・B4 122%拡大)

月　日

分数のたし算ひき算

名前

1 □ にあてはまる数を書きましょう。(5×4)

(1) $\frac{2}{3} = \frac{\square}{9} = \frac{\square}{24}$

(2) $\frac{3}{4} = \frac{\square}{20} = \frac{21}{\square}$

(3) $\frac{\square}{5} = \frac{8}{10} = \frac{20}{\square}$

(4) $\frac{5}{\square} = \frac{15}{18} = \frac{\square}{30}$

2 次の分数を約分しましょう。(5×4)

(1) $\frac{6}{10}$　(2) $\frac{15}{18}$

(3) $\frac{20}{28}$　(4) $3\frac{6}{9}$

3 次の分数を通分して，大小を比《くら》べ，□ に等号や不等号を書きましょう。(5×4)

(1) $\frac{2}{3}$ □ $\frac{3}{5}$

(2) $\frac{6}{8}$ □ $\frac{5}{6}$

(3) $\frac{6}{7}$ □ $\frac{24}{28}$

(4) $\frac{13}{18}$ □ $\frac{3}{4}$

4 次の計算をしましょう。(5×8)

(1) $\frac{2}{3} + \frac{1}{4}$

(2) $\frac{1}{3} + \frac{5}{9}$

(3) $\frac{5}{6} + \frac{4}{9}$

(4) $1\frac{2}{3} + \frac{5}{6}$

(5) $\frac{1}{2} - \frac{2}{5}$

(6) $\frac{4}{7} - \frac{3}{14}$

(7) $1\frac{3}{5} - \frac{1}{10}$

(8) $1\frac{1}{9} - \frac{5}{6}$

(A3 141%・B4 122%拡大)

月　日

分数のたし算ひき算

名前

1 ジュースが$\frac{3}{5}$Lありました。$\frac{1}{4}$L飲むと，残りは何Lになりますか。(10×2)

式

答え

2 リボンを姉は$\frac{5}{6}$m，弟は$\frac{2}{3}$mもっています。(10×4)

(1) どちらが何m長いですか。

式

答え

(2) 2人のリボンをつなぐと，何mになりますか。

式

答え

3 $\frac{3}{8}$kgの箱にみかんを入れて重さを量ると，$4\frac{1}{3}$kgありました。入れたみかんは，何kgでしたか。(10×2)

式

答え

4 山登りの目的地まで$5\frac{1}{2}$kmを歩きます。あと$\frac{3}{4}$kmのところまできました。何km歩きましたか。(10×2)

式

答え

(A3 141%・B4 122%拡大)

月　日

分数のたし算ひき算

名前

1 □にあてはまる数を書きましょう。(4 × 3)

(1) $\frac{\square}{4} = \frac{6}{8} = \frac{15}{\square}$

(2) $\frac{\square}{6} = \frac{15}{18} = \frac{20}{\square}$

(3) $\frac{3}{\square} = \frac{9}{12} = \frac{\square}{16}$

2 同じ大きさの分数をすべて選んで，○をつけましょう。(4 × 2)

(1) $\frac{3}{7}$ 　 $\frac{8}{14}$　$\frac{9}{21}$　$\frac{15}{42}$　$\frac{21}{49}$　$\frac{24}{63}$

(2) $\frac{7}{8}$ 　 $\frac{12}{16}$　$\frac{21}{32}$　$\frac{42}{48}$　$\frac{63}{80}$　$\frac{84}{96}$

3 次の分数を約分しましょう。(4 × 4)

(1) $\frac{8}{12}$　　(2) $\frac{18}{24}$

(3) $\frac{24}{36}$　　(4) $\frac{27}{54}$

4 次の分数を通分して，大小を比《くら》べ，□に不等号を書きましょう。(4 × 4)

(1) $\frac{3}{4}$ □ $\frac{5}{6}$

(2) $\frac{2}{3}$ □ $\frac{3}{5}$

(3) $\frac{4}{5}$ □ $\frac{6}{7}$

(4) $1\frac{4}{11}$ □ $1\frac{3}{8}$

5 次の計算をしましょう。(4 × 12)

(1) $\frac{2}{5} + \frac{3}{7}$

(2) $\frac{5}{21} + \frac{3}{7}$

(3) $\frac{3}{8} + \frac{1}{6}$

(4) $1\frac{2}{3} + \frac{11}{12}$

(5) $\frac{5}{8} + 1\frac{3}{4}$

(6) $\frac{2}{9} - \frac{1}{6}$

(7) $\frac{7}{9} - \frac{17}{45}$

(8) $\frac{2}{3} - \frac{2}{9}$

(9) $1\frac{1}{2} - \frac{3}{4}$

(10) $2\frac{1}{5} - \frac{8}{15}$

(11) $\frac{1}{2} + \frac{2}{3} + \frac{4}{5}$

(12) $\frac{2}{3} - \frac{5}{12} + \frac{3}{4}$

(A3 141%・B4 122%拡大)

月　日

分数のたし算ひき算

名前

1　$\frac{1}{3}$と$\frac{2}{6}$が等しいことを，図と言葉で説明しましょう。（図10言葉10）

2　牛にゅうが$1\frac{2}{5}$Lありました。しょうたさんは，朝に$\frac{1}{4}$L，夕方に$\frac{2}{5}$L飲みました。（5×4）

(1)　しょうたさんは，合わせて何L飲みましたか。

式

答え

(2)　牛にゅうは何L残っていますか。

式

答え

3　ロープを$2\frac{1}{8}$m使ったので，$1\frac{1}{4}$mになりました。ロープは，はじめに何mありましたか。（5×2）

式

答え

4　かごにきゅうりを$\frac{2}{3}$kg，ナスを$\frac{5}{6}$kgのせると，$1\frac{3}{5}$kgになりました。（5×4）

(1)　きゅうりとナスを合わせると，何kgですか。

式

答え

(2)　かごの重さは，何kgですか。

式

答え

5　ふみやさんは，1日にゲームをする時間は1時間までと約束しています。今日は，午前中に$\frac{3}{5}$時間，午後に$\frac{1}{3}$時間しました。今日は，約束を守れたでしょうか。（5×2）

式

答え

6　次の計算はまちがっています。
まちがっているところを説明して，正しい答えを求めましょう。（説明10正しい答え10）

$$\frac{1}{2}+\frac{1}{3}=\frac{2}{5}$$

まちがっているところ

正しい答え

（A3 141%・B4 122%拡大）

月　日

平　均

名前

1　下の表は，1週間でとれたミニトマトの個数です。(5×4)

ミニトマトがとれた個数

曜　日	日	月	火	水	木	金	土
個数(個)	6	7	2	4	5	3	8

(1)　とれた個数は，全部で何個ですか。

式

答え

(2)　1日平均《へいきん》何個とれましたか。

式

答え

2　3種類のジュースがあります。(5×4)

3種類のジュース

種類	量(mL)
オレンジ	450
リンゴ	170
グレープ	280

(1)　全部で何mLありますか。

式

答え

(2)　平均すると何mLですか。

式

答え

3　1日に借りた本の平均を求めましょう。(5×2)

借りた本のさつ数

曜　日	月	火	水	木	金
本の数(さつ)	5	7	4	5	8

式

答え

4　たまごの平均の重さを求めましょう。(5×2)

たまごの重さ(g)

65	67	62	64

式

答え

5　ある小学校の1週間の欠席者の平均を求めましょう。(5×2)

1週間の欠席者数

曜　日	月	火	水	木	金
人数(人)	5	0	2	1	3

式

答え

6　さつきさんが，4日間走ったきょりの平均を求めましょう。(5×2)

走ったきょり(km)

2.4	3.3	2.9	3.8

式

答え

7　みかん1個平均の重さは120gです。
みかん25個の重さは何kgになると考えられますか。(5×2)

式

答え

8　みずきさんの1歩は，平均55cmです。
300歩では約何mになると考えられますか。(5×2)

式

答え

(A3 141%・B4 122%拡大)

月　日

平　均

名前

1　リンゴ４個の平均《へいきん》の重さは 270g でした。(10 × 2)

リンゴの重さ (g)

あ	い	う	え
275	245	310	

えのリンゴの重さは，何 g でしょうか。

式

答え

2　テストの結果について，グループ別に平均点を求めました。
A グループは５人で，平均点は 92 点でした。
B グループは４人で，平均点は 86 点でした。
　A グループと B グループを合わせた平均点は，何点ですか。答えは四捨五入《ししゃごにゅう》をして，上から２けたのがい数で求めましょう。(10 × 2)

式

答え

3　しゅんやさんは，10 歩歩いたきょりが何 m 何cmになるかを５回調べました。(10 × 6)

10歩 歩いたきょり

1回目	2回目	3回目	4回目	5回目
6m32cm	6m45cm	6m49cm	6m48cm	6m50cm

(1)　５回の平均は，約何cmですか。
上から２けたのがい数で答えましょう。

式

答え

(2)　しゅんやさんの１歩は，約何cmといえますか。

式

答え

(3)　しゅんやさんが学校の周りを１周歩いてみると，820 歩でした。
　学校１周は，何 m といえますか。上から２けたのがい数で答えましょう。

式

答え

(A3 141%・B4 122%拡大)

月　日

平　均

名前

1　1日にとれたびわの個数の平均《へいきん》を求めましょう。(5 × 2)

びわがとれた個数

曜日	日	月	火	水	木	金	土
個数(個)	5	3	8	5	2	4	8

式

答え

2　みかんの5個の重さの平均を求めましょう。(5 × 2)

みかん5個の重さ(g)

78	87	84	88	91

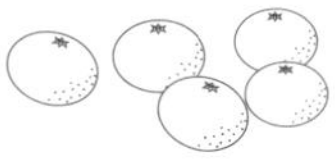

式

答え

3　欠席者の平均を求めましょう。(5 × 2)

1週間の欠席者数

曜　日	月	火	水	木	金
人数(人)	5	2	2	1	3

式

答え

4　下の表は，こうたさんと，ますみさんが魚つりをした結果です。(4 × 5)

こうたさんがつった魚(cm)

34	45	38	52	43

ますみさんがつった魚(cm)

65	27	40	34

(1)　こうたさんがつった魚の平均を求めましょう。

式

答え

(2)　ますみさんがつった魚の平均を求めましょう。

式

答え

(3)　平均で比《くら》べると，どちらのつった魚の方が，大きいですか。

答え

5　1週間に借りた本の平均を求めましょう。(5 × 2)

1週間に借りたさっ数

曜　日	月	火	水	木	金
本の数(さつ)	7	0	6	3	5

式

答え

6　あつしさんは，50mを4回走りました。タイムの平均を求めましょう。(5 × 2)

50mのタイム(秒)

9.1	8.9	9.3	9.5

式

答え

7　1日平均18分読書をします。1週間では約何時間何分読書をすることになりますか。(5 × 2)

式

答え

8　こうきさんとみゆさんは，1歩の歩はばの平均を調べました。(4 × 5)

1歩の歩はばの平均(cm)

こうき	43
み　ゆ	46

(1)　こうきさんは1500歩歩きました。こうきさんは，約何m歩きましたか。

式

答え

(2)　みゆさんは1200歩歩きました。みゆさんは，約何m歩きましたか。

式

答え

(3)　どちらが長いきょりを歩きましたか。

答え

(A3 141%・B4 122%拡大)

月　日

平　均

名前

1　バナナ５本の平均《へいきん》の重さは160gでした。㋔のバナナの重さは何gですか。(5×2)

バナナの重さ(g)

㋐	㋑	㋒	㋓	㋔
146	168	158	165	?

式

答え

2　下の表は，４回目までのテストの結果です。５回目に何点以上とれば，平均が90点以上になりますか。(5×2)

テストの点数（点）

1回目	2回目	3回目	4回目
88	100	85	95

式

答え

3　AはんBはんでゴミひろいをしました。下の表は，AはんBはんの人数と，１人が拾ったゴミの重さの平均です。(5×4)

	人数	1人平均の重さ(kg)
A	8	1.5
B	10	1.2

(1)　全体で何kgのゴミを拾いましたか。

式

答え

(2)　AはんとBはんを合わせた全体では，１人平均何kgゴミを拾ったことになりますか。
上から２けたのがい数で答えましょう。

式

答え

4　下の表は，A, B, C, Dの４人の５回の走りはばとびの記録です。(6×4)

走りはばとびの記録（cm）

	1回目	2回目	3回目	4回目	5回目
Aさん	294	312	290	306	295
Bさん	285	270	310	317	288
Cさん	306	324	313	342	310
Dさん	318	275	306	315	280

(1)　４回目の平均は，何cmですか。

式

答え

(2)　平均でいちばん良いのはだれで何cmですか。

式

答え

5　右の表は，らいちさんが10歩歩いたときのきょりの記録です。(6×6)

回	きょり
1	6m37cm
2	6m54cm
3	6m45cm
4	6m30cm
5	6m48cm

(1)　５回の平均は，何cmですか。
上から２けたのがい数で答えましょう。

式

答え

(2)　らいちさんの１歩は，約何cmですか。

式

答え

(3)　家からコンビニまでは750歩でした。歩はばを使って，約何mかを求めましょう。
上から２けたのがい数で答えましょう。

式

答え

(A3 141%・B4 122%拡大)

月　日

単位量あたり

名前

1 次のわり算をしましょう。(5×4)

(1) 98÷7　(2) 238÷14　(3) 14.4÷8　(4) 3.68÷23

2 わり切れるまで計算しましょう。(5×2)

(1) 84÷5　(2) 156÷24

3 かけ算をしましょう。(5×2)

(1) 9.7×6　(2) 3.7×48

4 96人の人が，6グループに分かれました。1グループの人数は，何人ですか。(10×2)

式

答え

5 同じかんづめ4個の重さは，1.4kgでした。このかんづめ1個の重さは，何gですか。(10×2)

式

答え

6 同じえんぴつを8本買ったら，1000円でした。このえんぴつ1本のねだんは，いくらですか。(10×2)

式

答え

(A3 141%・B4 122%拡大)

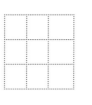

知識技能 A　　　　月　　日

単位量あたり

名前 ＿＿＿＿＿＿＿＿

1　マットのまい数とそれに乗る人数を決めて，こみぐあいを比《くら》べます。

	マット数(まい)	人数(人)
A	2	12
B	3	12
C	3	15

(1)　AとBでは，どちらがこんでいますか。(5)

□

(2)　BとCでは，どちらがこんでいますか。(5)

□

(3)　AとCでは，どちらがこんでいますか。
マット1まいあたりの人数で比べましょう。(1行5点×5)

A　12 ÷ □ = □

Aは，マット1まいあたり □ 人

C　15 ÷ □ = □

Cは，マット1まいあたり □ 人

AとCでは，□ の方がこんでいる。

(4)　A, B, Cをこんでいる順番にならべましょう。(5)

□ ＞ □ ＞ □

2　A市とB市の人口と面積を比べます。(5×4)

	人口(人)	面積(km²)
A市	38000	19
B市	45000	18

(1)　1km²あたりの人数で比べましょう。

A市　38000 ÷ □ = □

B市　□ ÷ □ = □

1km²あたりの人数が多いのは，どちらですか。

□

(2)　1km²あたりの人数で表すことを，何といいますか。

□

3　15mで360gのはり金があります。
このはり金1mあたりの重さを求めましょう。
(5×2)

式

答え ＿＿＿＿＿＿

4　A車は12Lのガソリンで210km走りました。
A車は1Lのガソリンで何km走ったことになりますか。(5×2)

式

答え ＿＿＿＿＿＿

5　色画用紙が25まいで1125円でした。
色画用紙1まいのねだんはいくらですか。(5×2)

式

答え ＿＿＿＿＿＿

6　38m²の畑から57kgの玉ねぎがとれました。
1m²あたり何kgの玉ねぎがとれたことになりますか。(5×2)

式

答え ＿＿＿＿＿＿

(A3 141%・B4 122%拡大)

月　日

単位量あたり

名前

1　15mで255gのはり金があります。(5×6)

(1)　このはり金の1mあたりの重さは，何gですか。

式

答え

(2)　このはり金40mでは，何gになりますか。

式

答え

(3)　このはり金1kgでは，約何mになりますか。小数第一位までのがい数で答えましょう。

式

答え

2　和紙を買いに行きました。下の表を見て比《くら》べましょう。(5×5)

	まい数(まい)	ねだん(円)
和紙㋐	12	900
和紙㋑	15	1200

(1)　1まいのねだんを求めましょう。

和紙㋐　式

答え

和紙㋑　式

答え

(2)　1まいあたり，どちらがどれだけ高いですか。

式

答え

3　2台の自動車について考えましょう。(5×9)

Ａ車は，ガソリン18Lで270km走りました。
Ｂ車は，ガソリン35Lで560km走りました。

(1)　ガソリン1Lあたりで走った道のりを比べましょう。

Ａ車
式

答え

Ｂ車
式

答え

1Lのガソリンでより長い道のりを走ったのはどちらの自動車ですか。

答え

(2)　Ａ車はガソリンが25Lあれば，何km走ることができますか。

式

答え

(3)　Ｂ車が800km走るには，何Lのガソリンが必要ですか。

式

答え

(A3 141%・B4 122%拡大)

月　日

単位量あたり

名前

1　マットのまい数とそれにのる人数を決めて，こみぐあいを比《くら》べます。(4×6)

	マット数(まい)	人数(人)
A	4	30
B	5	30
C	5	36

(1)　AとBでは，どちらがこんでいますか。

(2)　BとCでは，どちらがこんでいますか。

(3)　AとCでは，どちらがこんでいますか。
マット1まいあたりの人数で比べましょう。

A　☐ ÷ ☐ = ☐

C　☐ ÷ ☐ = ☐

AとCでは，どちらの方がこんでいますか。

(4)　A, B, Cをこんでいる順番にならべましょう。

☐ > ☐ > ☐

2　どちらの電車の方がこんでいますか。(5×3)

	車両の数(両)	乗っている人(人)
A電車	5	460
B電車	8	720

AとBの1両あたりの人数を求めましょう。

A　☐ ÷ ☐ = ☐

B　☐ ÷ ☐ = ☐

AとBでは，どちらがこんでいますか。

3　2本のはり金を1mあたりの重さで比べましょう。(5×3)

	長さ(m)	重さ(g)
Aのはり金	8	100
Bのはり金	12	165

AとBの1mあたりの重さを求めましょう。

A　☐ ÷ ☐ = ☐

B　☐ ÷ ☐ = ☐

AとBでは，どちらが重いといえますか。

4　A市とB市の人口と面積の様子を比べてみましょう。(4×4)

	面積(km²)	人口(人)
A市	22	45100
B市	26	65000

(1)　1km²あたりの人数で比べましょう。

A市　式

B市　式

1km²あたりの人数が多いのはどちらですか。

(2)　1km²あたりの人数のことを何といいますか。

5　どちらの田の方が，よくとれたといえますか。(5×3)

	面積(a)	収かく量(kg)
山田さんの田	7	455
中村さんの田	11	704

1a(アール)あたりの収かく量で比べましょう。

山田さん　式

中村さん　式

1aあたりの収かく量が多いのは，どちらですか。

6　2本のリボンを，1mあたりのねだんで比べましょう。(5×3)

	長さ(m)	ねだん(円)
リボンⓐ	5	620
リボンⓘ	4	560

リボンあ　式

リボンい　式

1mあたりのねだんが高いのは，どちらですか。

(A3 141%・B4 122%拡大)

月　日

単位量あたり

名前

1 ２台の自動車について考えましょう。(4×13)
Ａ車は，ガソリン18Lで270km走りました。
Ｂ車は，ガソリン22Lで352km走りました。

(1) ガソリン1Lあたりで走った道のりを比《くら》べましょう。

Ａ車　式

答え

Ｂ車　式

答え

1Lのガソリンでより長い道のりを走ったのは，どちらの自動車ですか。

答え

(2) ガソリンが30Lあれば，それぞれ何km走ることができますか。

Ａ車　式

答え

Ｂ車　式

答え

(3) 600km走るには，何Lのガソリンが必要ですか。

Ａ車　式

答え

Ｂ車　式

答え

2 青山さんの畑60㎡からは372kg，赤川さんの畑70㎡からは448kgのキャベツがとれました。1㎡あたりでとれた量は，どちらがどれだけ多いですか。(4×2)

式

答え

3 ２本の金ぞくのぼう㋐，㋑を比べましょう。(4×6)

	長さ(m)	重さ(kg)
金ぞくのぼう㋐	4	26
金ぞくのぼう㋑	6	45

(1) どちらの方が重いといえますか。
1mあたりの重さで比べましょう。

式

答え

(2) 金ぞくのぼう㋐，㋑がそれぞれ10mでは，何kgになりますか。

㋐　式

答え

㋑　式

答え

4 かぼちゃは1本あたり2.5㎡，スイカは1本あたり4㎡の広さをとって苗《なえ》を植えます。120㎡の畑では，それぞれ何本の苗を用意すればいいですか。(4×4)

かぼちゃ　式

答え

スイカ　式

答え

(A3 141%・B4 122%拡大)

月　日

速　さ

名前

1　２台の自動車の速さを比べましょう。(5 × 5)

	道のり(km)	時間(時)
自動車A	300	5
自動車B	330	6

(1)　自動車A,Bの時速を求めましょう。

A車
式

答え

B車
式

答え

(2)　自動車Aと自動車Bでは，どちらが速いといえますか。

答え

2　こうたさんは32mを５秒で走りました。
みさきさんは50mを８秒で走りました。(5 × 5)

(1)　２人の秒速を求めましょう。

こうたさん
式

答え

みさきさん
式

答え

(2)　こうたさんとみさきさんの速さを秒速で比べると，どちらが速いですか。

答え

3　時速42kmで走るゾウの分速を求めましょう。(5 × 2)

式

答え

4　100mを10秒で走る人の時速を求めましょう。(5 × 2)

式

答え

5　自動車が時速40kmで走っています。(5 × 4)

(1)　この自動車が３時間で走るきょりを求めましょう。

式

答え

(2)　この自動車が220km走るには，何時間かかりますか。

式

答え

6　音は秒速340mで進みます。４秒では何m進みますか。(5 × 2)

式

答え

(A3 141%・B4 122%拡大)

月　日

速さ

名前

1　3人の走る速さを秒速で求めて，速い順に並《なら》べましょう。(4×7)

	道のり(m)	時間(秒)
しゅんや	220	40
ふみや	420	75
あすか	750	150

しゅんや
式

答え

ふみや
式

答え

あすか
式

答え

□ → □ → □

2　3時間で195km走った自動車と，5.5時間で385km飛んだツバメでは，どちらが速いですか。(4×2)

式

答え

3　次の㋐，㋑，㋒の速さを比《くら》べて，速い順に並べましょう。(4×2)

㋐　秒速35mで走るチーター
㋑　分速2800mで飛ぶハト
㋒　2時間で150km走った自動車

式

□ → □ → □

4　音が伝わる速さは秒速約340mです。いなずまが光って4秒後に，かみなりの音が聞こえました。かみなりまでのきょりは約何mですか。(4×2)

式

答え

5　1.5時間で90km走る自動車について答えましょう。(4×6)

(1)　この自動車の時速を求めましょう。

式

答え

(2)　この自動車が2.5時間で走るきょりを求めましょう。

式

答え

(3)　この自動車が300kmを走る時間を求めましょう。

式

答え

6　分速1.2kmで泳ぐマグロについて答えましょう。(4×6)

(1)　このマグロの時速を求めましょう。

式

答え

(2)　このマグロの秒速を求めましょう。

式

答え

(3)　このマグロは360kmを何時間で泳ぐことができますか。

式

答え

(A3 141%・B4 122%拡大)

月　　日

三角形四角形の面積

名前

1　色がついた部分の面積を求めましょう。（1ますが 1cm× 1cm）(5 × 4)

(1)
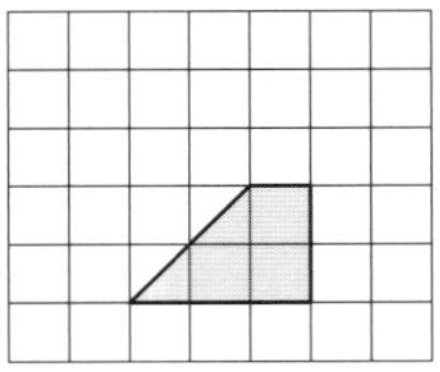
cm²

(2)
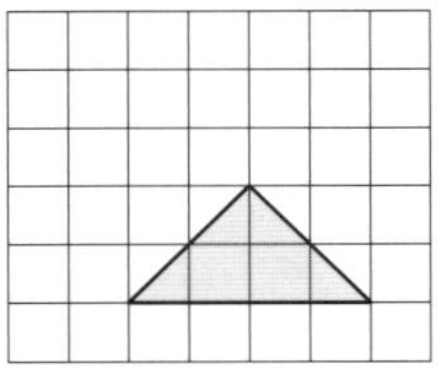
cm²

(3)
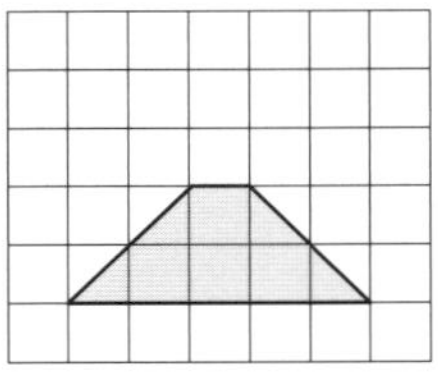
cm²

(4)
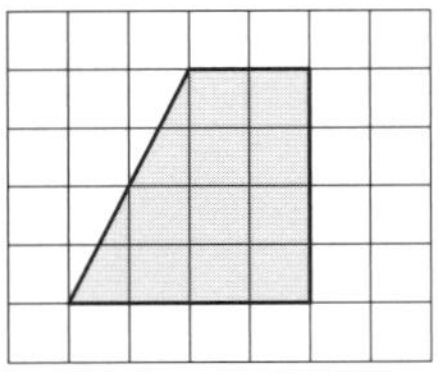
cm²

2　下の長方形と正方形の面積を求めましょう。(5 × 8)

(1)　長方形
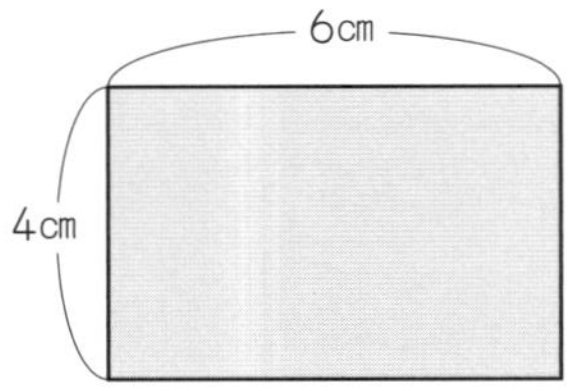

式

答え

(2)　正方形
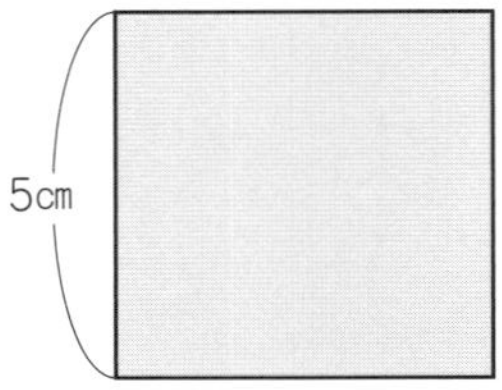

式

答え

(3)　たての長さが 12cmで横の長さが 3.5cmの長方形の面積

式

答え

(4)　1辺の長さが 15cmの正方形の面積

式

答え

3　長方形の □ の長さは何cmですか。(5 × 4)

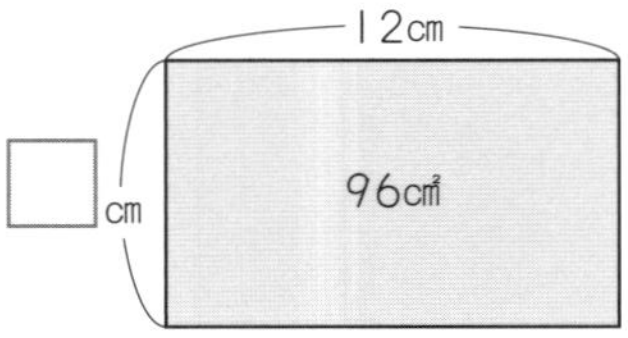

式

答え

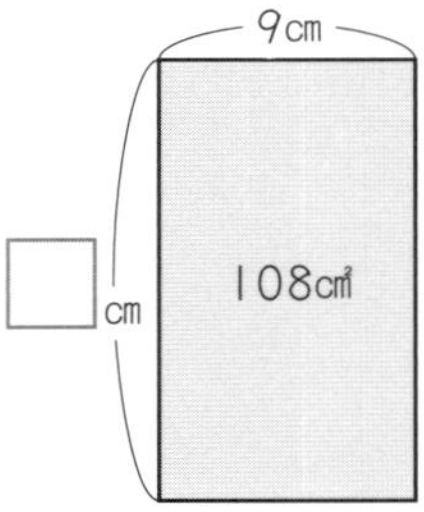

式

答え

4　下の図で，色のついた部分の面積を求めましょう。(5 × 4)

(1)
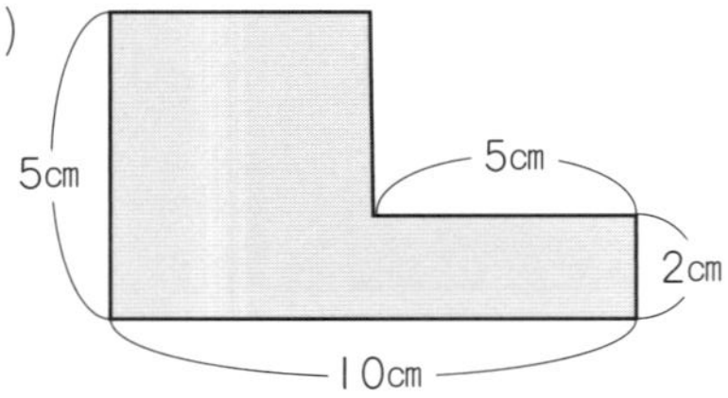

式

答え

(2)
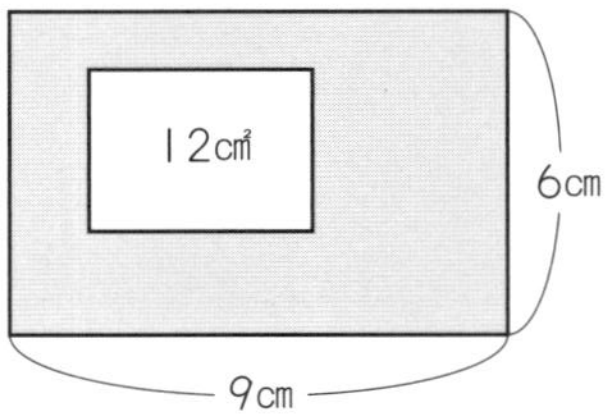

式

答え

(A3 141%・B4 122%拡大)

知識技能 A　　　　月　　日

三角形四角形の面積

名前

1 平行四辺形について答えましょう。(5 × 3)

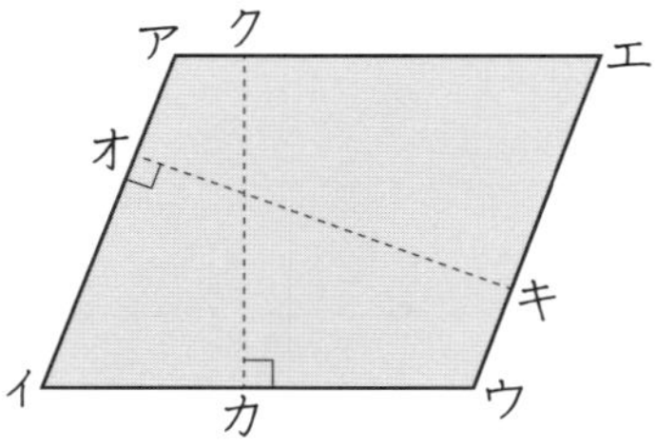

(1) 次の辺を底辺としたときの高さを書きましょう。

辺アイ　直線　　辺イウ　直線

(2) 平行四辺形の面積を求める公式を書きましょう。

平行四辺形の面積 ＝

2 三角形について答えましょう。(5 × 4)

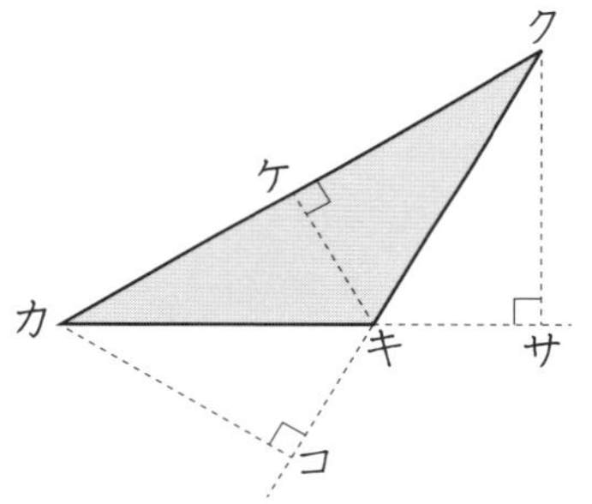

(1) 次の辺を底辺としたときの高さを書きましょう。

辺カキ　直線　　辺キク　直線

辺カク　直線

(2) 三角形の面積を求める公式を書きましょう。

三角形の面積 ＝

3 次の面積を求める公式を書きましょう。(5 × 3)

長方形の面積 ＝

台形の面積 ＝

ひし形の面積 ＝

4 次の図形の面積を求めましょう。(5 × 8)

(1) 平行四辺形

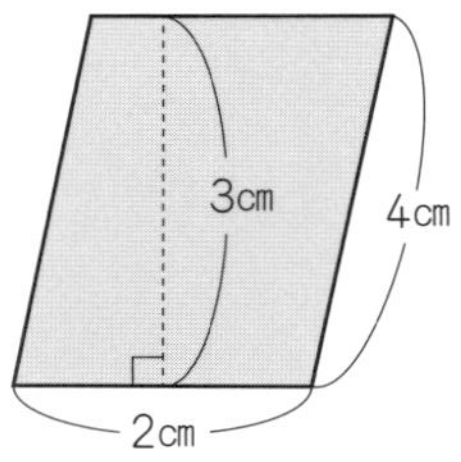

式

答え

(2) 三角形

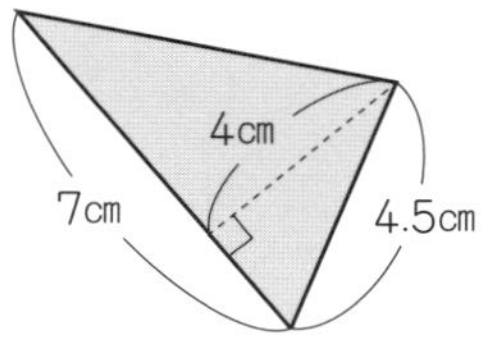

式

答え

(3) 台形

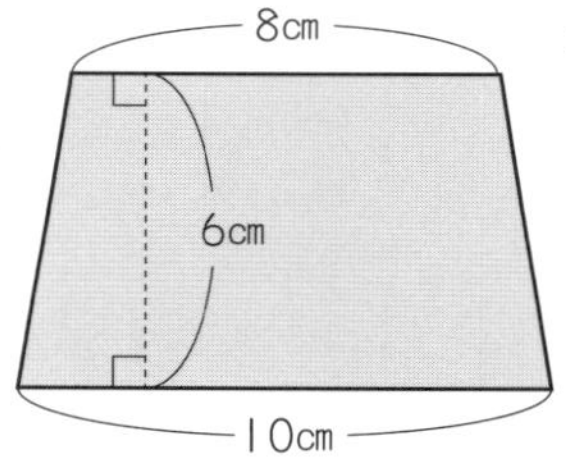

式

答え

(4) ひし形

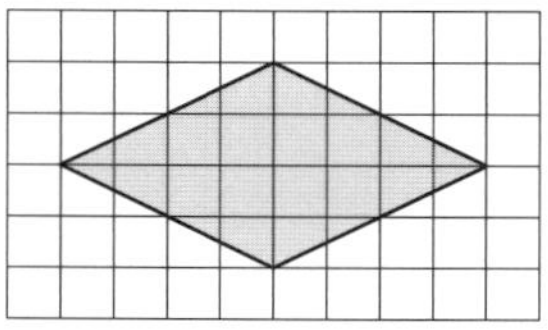

1ます 1cm × 1cm

式

答え

5 次の平行四辺形の高さは何cmですか。(5 × 2)

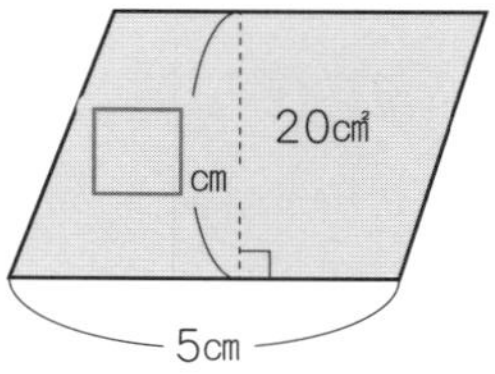

式

答え

(A3 141%・B4 122%拡大)

月　　日

三角形四角形の面積

名前

1　下の四角形の面積を求めましょう。(10 × 6)

(1)

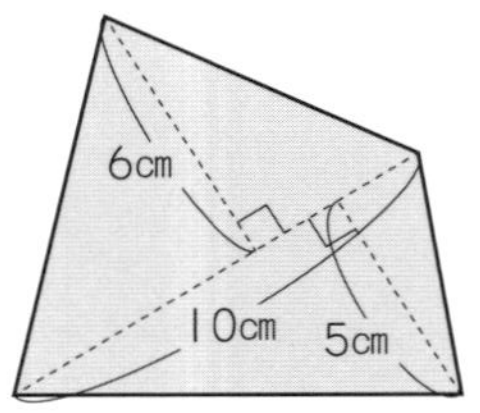

式

答え

(2)

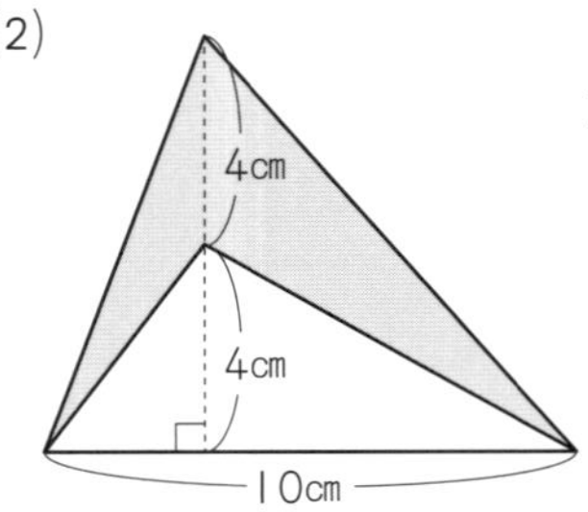

式

答え

(3)

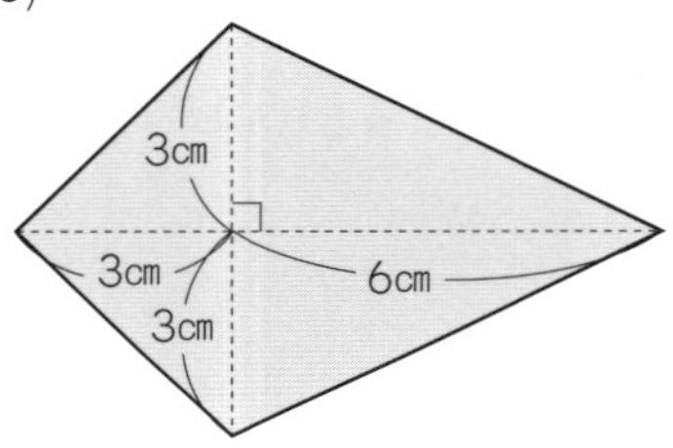

式

答え

2　下のあ, い, うの平行四辺形の面積が等しい理由を説明しましょう。(10)

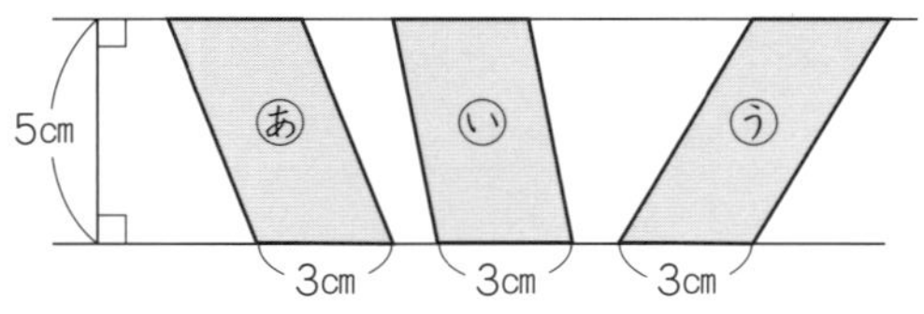

3　次の図形の面積を求めましょう。

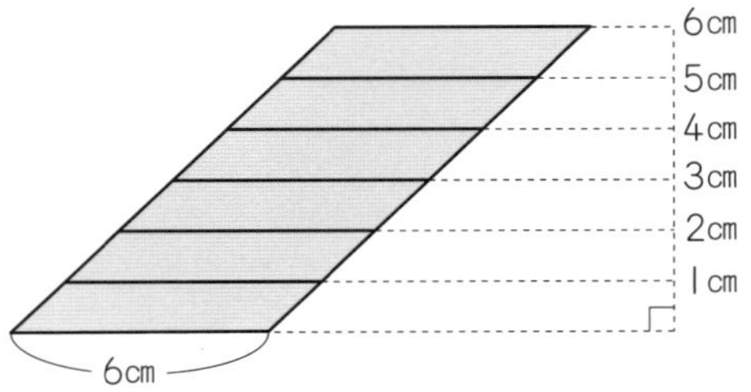

(1)　平行四辺形の高さと面積の関係の表を完成させましょう。(10)

高さ(cm)	1	2	3	4	5	6	7
面積(cm²)	6	12					

(2)　高さが 2 倍, 3 倍になると , 面積は何倍になりますか。(10)

答え

(3)　高さが 20cmになると , 面積は何cm²になりますか。(5 × 2)

式

答え

(A3 141%・B4 122%拡大)

知識技能 B

月　日

三角形四角形の面積

名前

1 下の平行四辺形について答えましょう。(4 × 3)

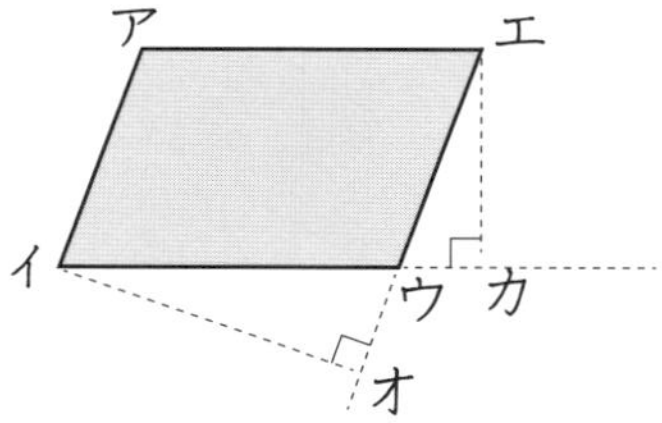

(1) 次の辺が底辺のときの高さを書きましょう。

辺アイ　直線

辺イウ　直線

(2) 平行四辺形の面積を求める公式を書きましょう。

平行四辺形の面積 =

2 下の三角形について答えましょう。(4 × 4)

(1) 次の辺を底辺としたときの高さを書きましょう。

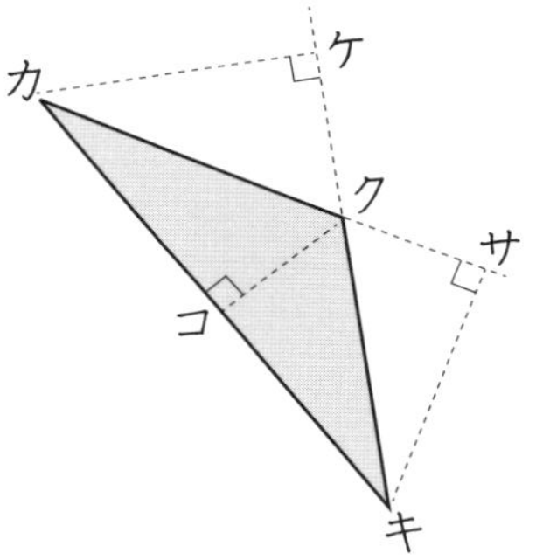

辺カキ　直線

辺キク　直線

辺カク　直線

(2) 三角形の面積を求める公式を書きましょう。

三角形の面積 =

3 平行四辺形や三角形の高さを求めましょう。(4 × 4)

(1)

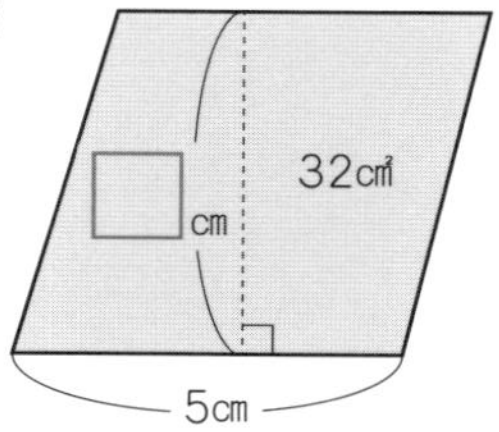

式

答え

(2)

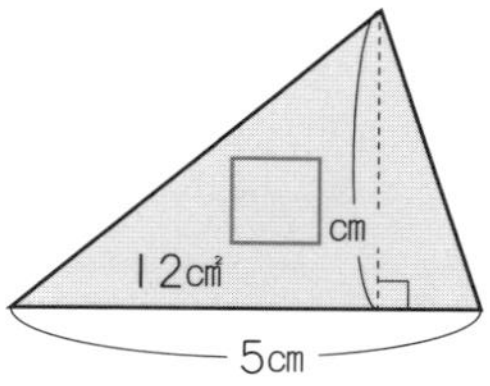

式

答え

4 次の図形の面積を求めましょう。(4 × 14)

(1) 平行四辺形

①

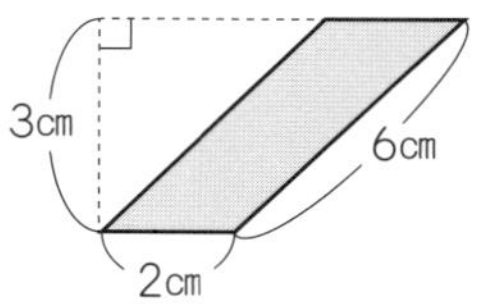

式

答え

②

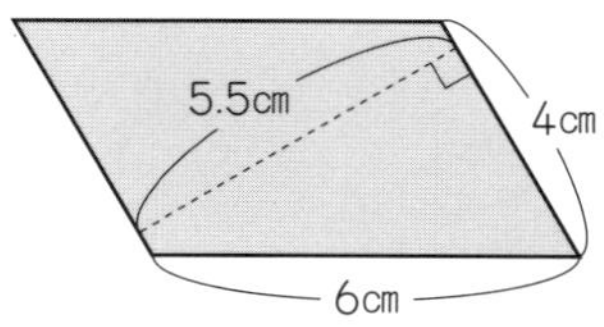

式

答え

(2) 三角形

①

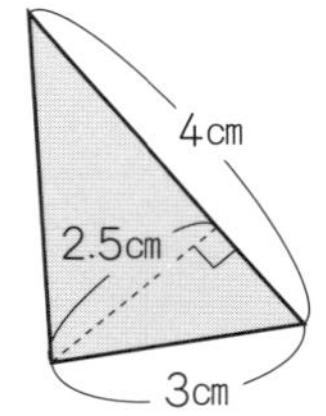

式

答え

②

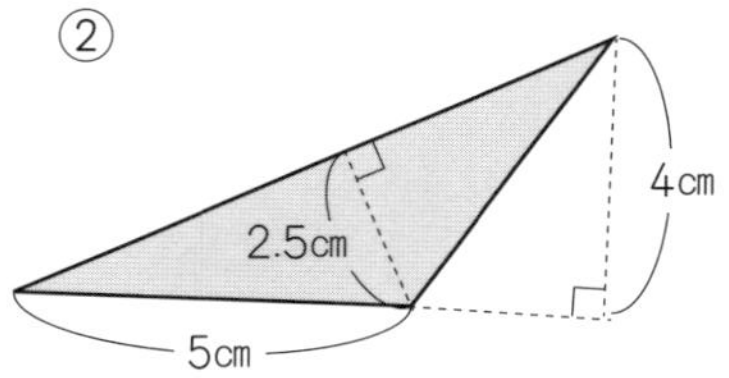

式

答え

(3) 台形

①

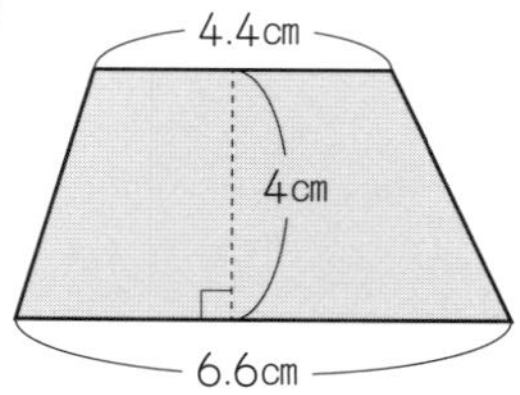

式

答え

②

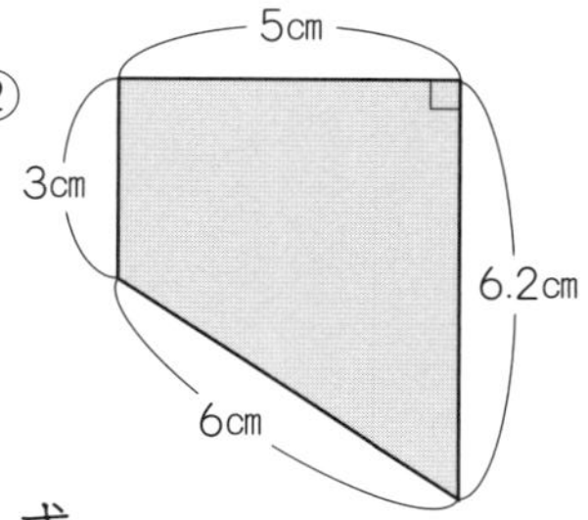

式

答え

(4) ひし形

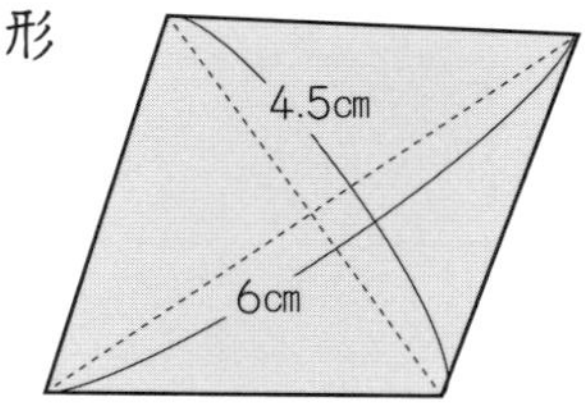

式

答え

(A3 141%・B4 122%拡大)

月　日

三角形四角形の面積

名前

1　下の図形の面積を求めましょう。(5 × 10)

(1)

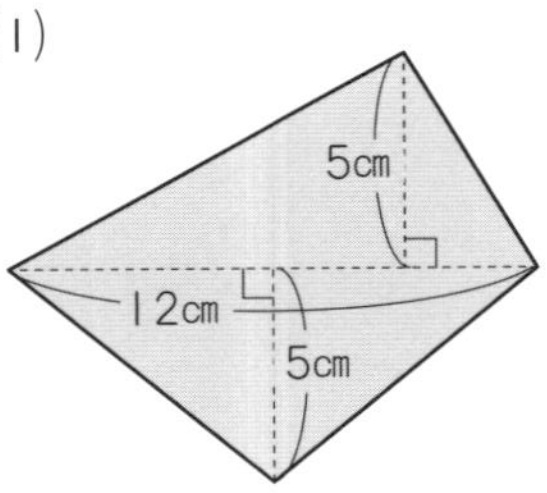

式

答え

(2)

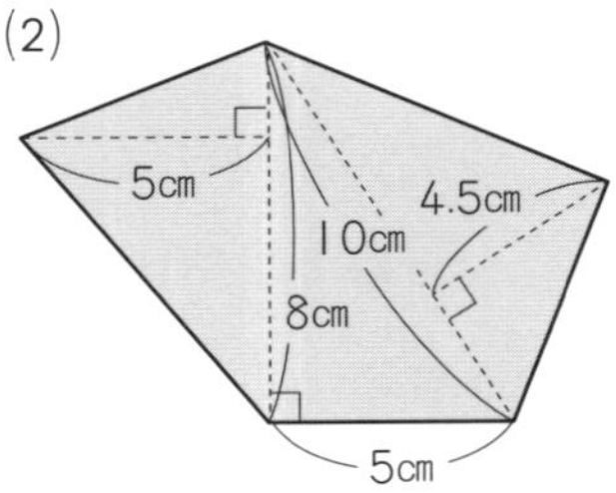

式

答え

(3)

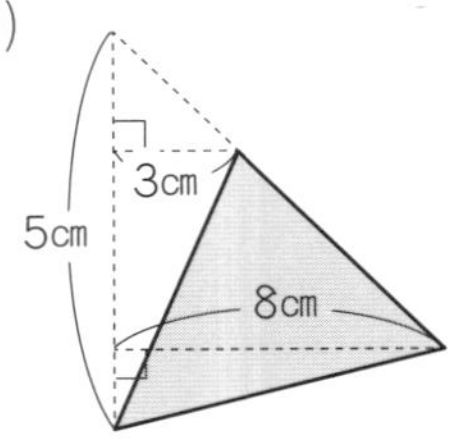

式

答え

(4)

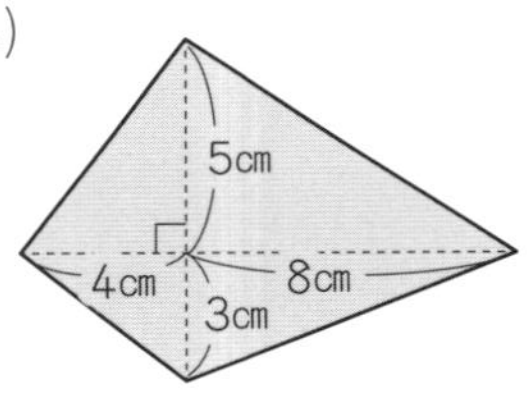

式

答え

(5)

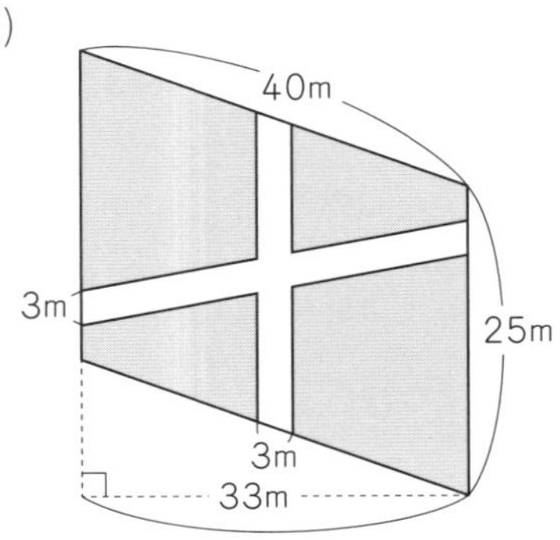

式

答え

2　下のⓐ,ⓘ,ⓤの三角形の面積が等しい理由を説明しましょう。(10)

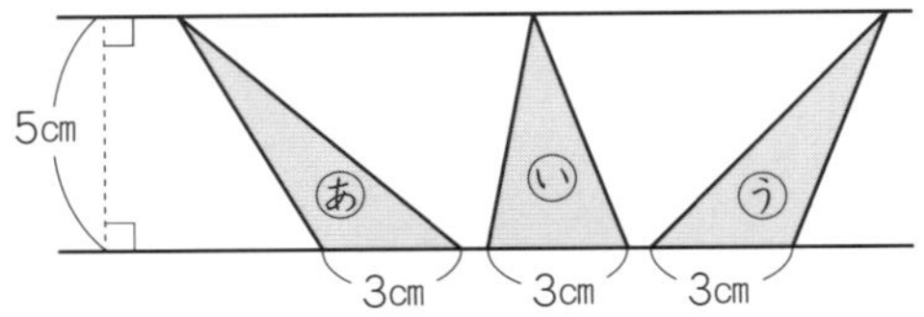

3　図のように，三角形の底辺を長くしていきます。(5 × 8)

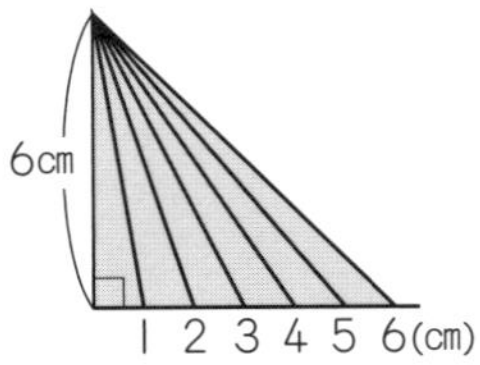

(1)　底辺が 4cmのときの面積を求めましょう。

式

答え

(2)　三角形の底辺と面積の関係を表に仕上げましょう。

底辺(cm)	1	2	3	4	5	6	7
面積(cm²)	3	6					

(3)　底辺が 2 倍，3 倍になると，面積は何倍になりますか。

答え

(4)　底辺が 10cmのときの面積は何cm²ですか。

式

答え

(5)　面積が 60cm²のときの底辺は何cmですか。

式

答え

(A3 141%・B4 122%拡大)

月　日

割　合

名前

1　30cmだったひまわりが，75cmになりました。
ひまわりの高さは，何倍になりましたか。(10×2)

式

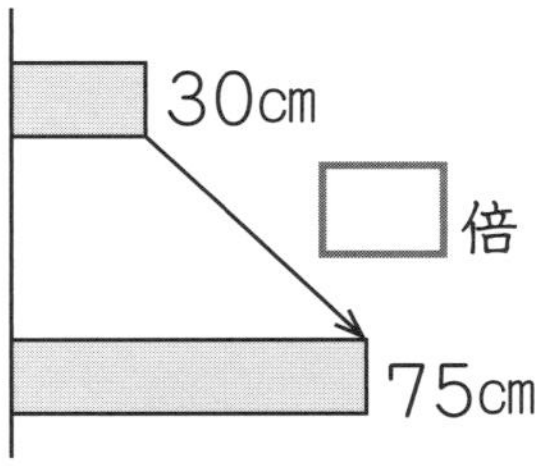

答え

2　お父さんの体重は70kgで，ぼくの体重は42kgです。
ぼくの体重はお父さんの体重の何倍ですか。(10×2)

式

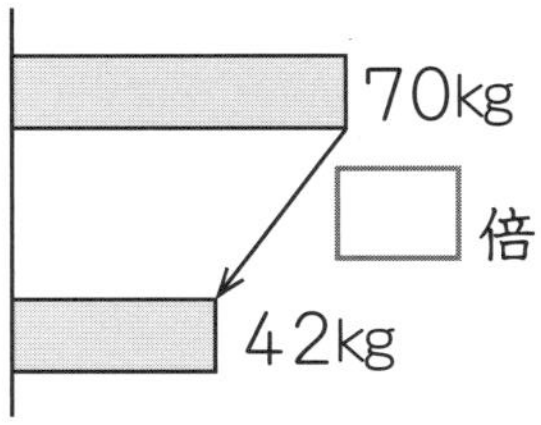

答え

3　赤いテープは6mで，白いテープは赤いテープの1.4倍です。
白いテープは，何mですか。(10×2)

式

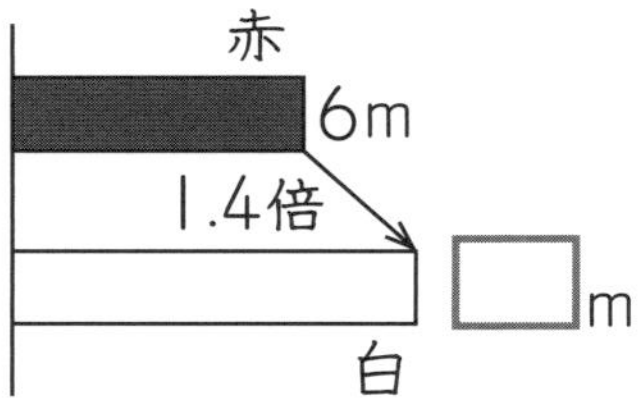

答え

4　緑のテープは8mで，青のテープは緑のテープの0.6倍です。
青のテープは何mですか。(10×2)

式

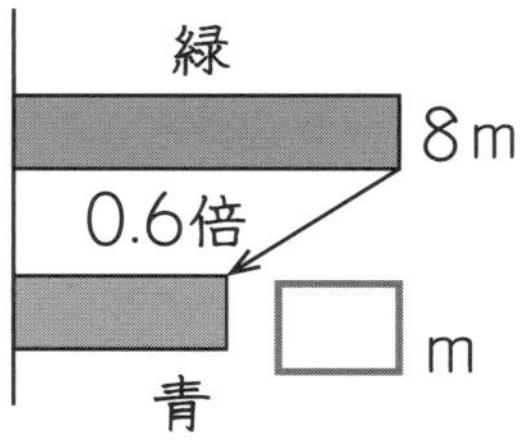

答え

5　ひまわりが，3週間前の3.5倍の140cmになりました。
3週間前のひまわりは，何cmでしたか。(10×2)

式

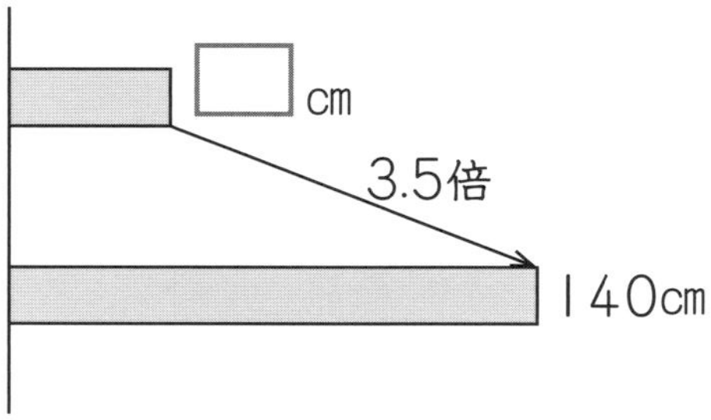

答え

(A3 141%・B4 122%拡大)

月　日

割　合

名前

1　5年生は全員で80人です。(5×4)

(1) 男子は36人です。男子の割合《わりあい》を，小数で表しましょう。

式

答え

(2) 女子は44人です。女子の割合を，小数で表しましょう。

式

答え

2　小数で表した割合を％で表す百分率《ひゃくぶんりつ》に，％で表した百分率を小数で表す割合に直しましょう。(5×6)

(1) 0.67→ □ ％

(2) 0.7→ □ ％

(3) 0.03→ □ ％

(4) 1.2→ □ ％

(5) 40%→ □

(6) 25%→ □

3　150ページの本があります。今までに全体の40％を読みました。読んだのは，何ページですか。(5×2)

式

答え

4　50人乗りのバスがあります。(5×4)

(1) 40人が乗っているとき，バスに乗っている人の割合は何％ですか。

式

答え

(2) このバスに乗っている人の割合が60％のとき，乗っている人は何人ですか。

式

答え

5　シュートの練習をしました。20回入りました。これは練習回数の80％にあたります。何回，シュートの練習をしましたか。(5×2)

式

答え

6　花畑の20㎡にチューリップの花を植えました。これは花畑の40％にあたります。花畑全体は何㎡ですか。(5×2)

式

答え

(A3 141%・B4 122%拡大)

月　日

割　合

名前

1　A さんの体重は，40kgでした。5 年生になって 5% ふえました。A さんの体重は，何kgになりましたか。（10×2）

式

答え

2　たまごが 200 個ありましたが，14 個われてしまいました。われていないたまごは，全体の何 % ですか。（10×2）

式

答え

3　1050 円の肉が，20% 引きになりました。何円になりましたか。（10×2）

式

答え

4　1 ふくろ 250g のおかしが，10% ふやして売られています。1 ふくろは，何 g になっていますか。（10×2）

式

答え

5　T シャツが，30% 引きの 1400 円で売られていました。もとのねだんは，何円ですか。（10×2）

式

答え

（A3 141%・B4 122%拡大）

知識技能 B　　　　月　　日

割　合

名前 ＿＿＿＿＿＿＿＿

1　5年生は全員で80人です。(4×4)

(1)　犬をかっている人が24人いました。犬をかっている人数の割合《わりあい》を小数で表しましょう。

式

答え ＿＿＿＿＿＿

(2)　ネコをかっている人は，犬をかっている24人の0.75倍にあたります。ネコをかっている人数を求めましょう。

式

答え ＿＿＿＿＿＿

2　小数で表した割合を%で表す百分率《ひゃくぶんりつ》に，%で表す百分率を小数で表す割合に直しましょう。(4×7)

(1)　0.26 → □ %

(2)　0.4 → □ %

(3)　0.07 → □ %

(4)　1.4 → □ %

(5)　20% → □

(6)　115% → □

(7)　48% → □

3　定員が120人の車両があります。(4×4)

(1)　この車両に65%の人が乗っています。何人が乗っていますか。

式

答え ＿＿＿＿＿＿

(2)　この車両に150人の人が乗ると，乗っている割合は何%ですか。

式

答え ＿＿＿＿＿＿

4　もとのねだんの80%の92円で，パンを売っています。もとのねだんは，何円だったのでしょうか。(4×2)

式

答え ＿＿＿＿＿＿

5　1個135円だったブロッコリーが，140%のねだんになっていました。ブロッコリーは，何円になりましたか。(4×2)

式

答え ＿＿＿＿＿＿

6　ある公園の面積は6500m²です。(4×4)

(1)　そのうちの25%が，しばふです。しばふの面積は，何m²ですか。

式

答え ＿＿＿＿＿＿

(2)　砂《すな》場は195m²です。これは公園全体の何%ですか。

式

答え ＿＿＿＿＿＿

7　A小学校の5年生は102人です。これは，学校全体の人数の17%です。学校全体の人数は，何人ですか。(4×2)

式

答え ＿＿＿＿＿＿

(A3 141%・B4 122%拡大)

月　日

割　合

名前

1 A小学校の児童数について考えましょう。(5×6)

(1) 5年生は120人でした。6人ふえました。何%ふえましたか。

式

答え

(2) 6年生は100人でした。7人減りました。何%減りましたか。

式

答え

(3) 4年生は10%減って99人になりました。4年生は何人だったのでしょうか。

式

答え

2 買い物をして消費税《しょうひぜい》がつくと，何円になりますか。(5×4)

(1) 1000円分の野菜を買いました。8%の消費税がつきます。代金は何円になりますか。

式

答え

(2) 文ぼう具を800円分買いました。10%の消費税がつきます。代金は，何円になりますか。

式

答え

3 ドラッグストアへ買い物に行きました。(5×4)

(1) 250gだったハンドソープが，20%増量で売っていました。何gになっていますか。

式

答え

(2) 760円のマスクが，20%安くなっていました。何円になっていますか。

式

答え

4 洋服屋へ買い物に行きました。(5×6)

(1) 3000円の洋服が，30%安くなっています。何円になっていますか。

式

答え

(2) 9000円の洋服が，5850円で売っています。何%引きになっていますか。

式

答え

(3) シャツが，20%引きで2800円になっていました。もとは何円だったのでしょうか。

式

答え

(A3 141%・B4 122%拡大)

月　日

割合のグラフ

名前

1 下のグラフを見て答えましょう。

好きな給食の割合《わりあい》

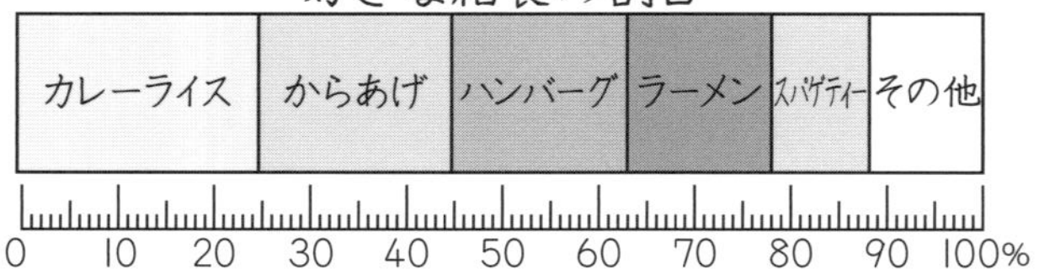

(1) このようなグラフを何といいますか。(5)

□ グラフ

(2) それぞれの割合は，全体の何％ですか。(5 × 5)

カレーライス □ ％

からあげ □ ％

ハンバーグ □ ％

ラーメン □ ％

スパゲティー □ ％

(3) このグラフは，200 人の割合をまとめています。(5 × 4)

① カレーライスが好きな人は，何人ですか。

式

答え ＿＿＿＿＿＿

② からあげが好きな人は，何人ですか。

式

答え ＿＿＿＿＿＿

2 下のグラフを見て答えましょう。

子どもの好きなスポーツの割合

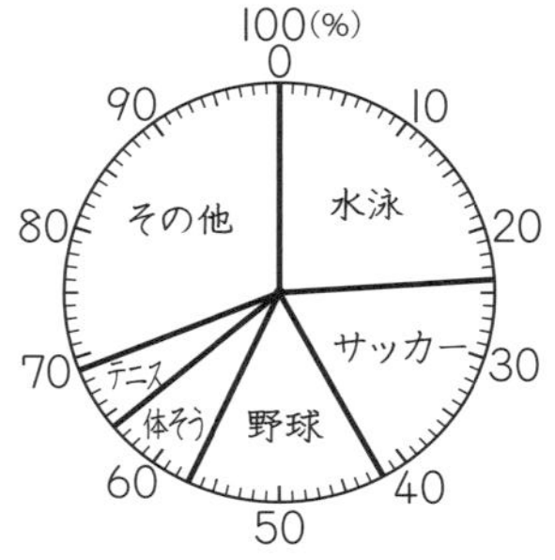

(1) このようなグラフを何といいますか。(5)

□ グラフ

(2) それぞれの割合は，全体の何％ですか。(5 × 5)

水　泳 □ ％

サッカー □ ％

野　球 □ ％

体そう □ ％

テニス □ ％

3 下の表をグラフに表しましょう。(20)

好きな教科の割合

教科名	算数	体育	図工	国語	その他
割合(%)	25	20	18	15	22

□

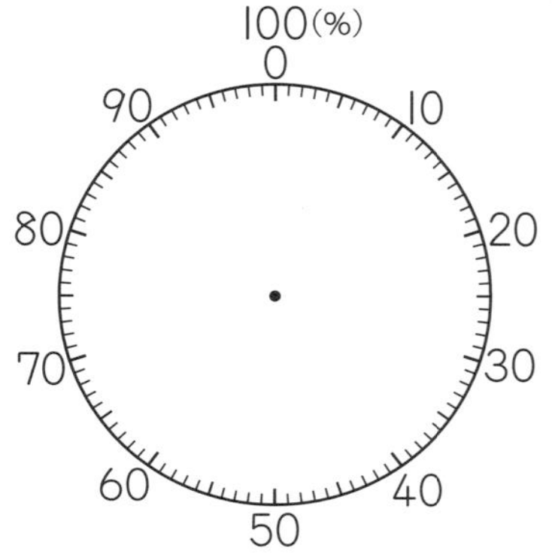

(A3 141%・B4 122%拡大)

月　日

割合のグラフ

名前

1　下のグラフは，11 月に保健室を利用した人数の割合《わりあい》を，その理由別に調べたものです。

保健室を利用した理由の割合

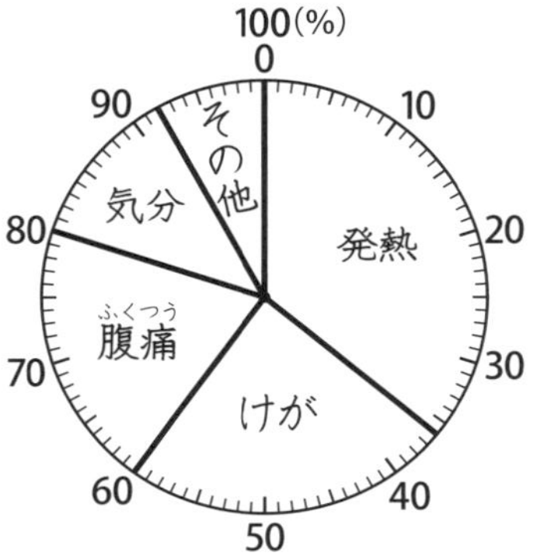

(1)　発熱で保健室を利用した人数は，けがで利用した人数の何倍ですか。(5 × 2)

式

答え

(2)　発熱で保健室を利用した人数は，腹痛で利用した人数の何倍ですか。(5 × 2)

式

答え

(3)　発熱で保健室を利用した人数は，27 人です。11 月に保健室を利用したのは，全部で何人ですか。(10 × 2)

式

答え

2　下の表は，A 会社の人たちが通勤《つうきん》に利用している交通機関を調べたものです。

A 社の社員が利用している交通機関

交通機関名	電車	バス	自家用車	その他	合計
人数（人）	72	48	18	12	150
割合 (%)					100

(1)　それぞれの割合を % で表しましょう。(5 × 8)

電車
式

答え

バス
式

答え

自家用車
式

答え

その他
式

答え

(2)　割合の合計が 100% になることを確《たし》かめてから，下の帯グラフに表しましょう。(20)

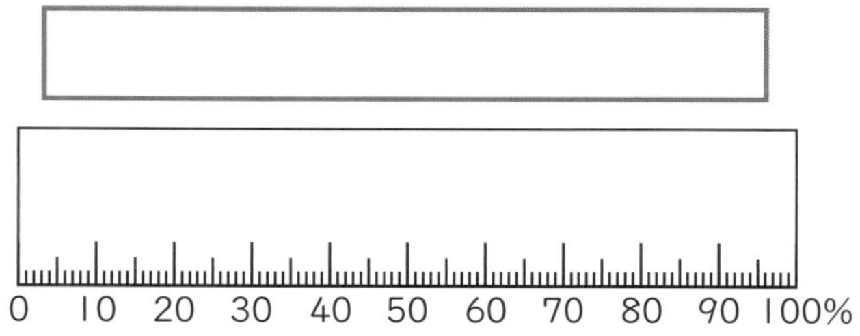

(A3 141%・B4 122%拡大)

月　日

割合のグラフ

名前

1 下のグラフを見て答えましょう。

好きな野菜の割合《わりあい》

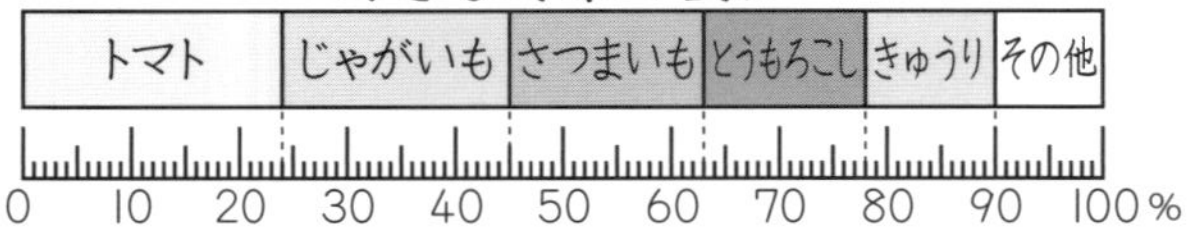

(1) このようなグラフを何といいますか。(4)

□グラフ

(2) それぞれの割合は，全体の何％ですか。(4×5)

トマト □％

じゃがいも □％

さつまいも □％

とうもろこし □％

きゅうり □％

(3) このグラフは，200人の割合をまとめました。(5×4)

① トマトが好きな人は，何人ですか。

式

答え

② じゃがいもが好きな人は，何人ですか。

式

答え

2 下の表をグラフに表しましょう。(5×2)

きらいな野菜の割合

野菜名	ゴーヤ	セロリ	春ぎく	ピーマン	その他
割合(%)	26	22	18	15	19

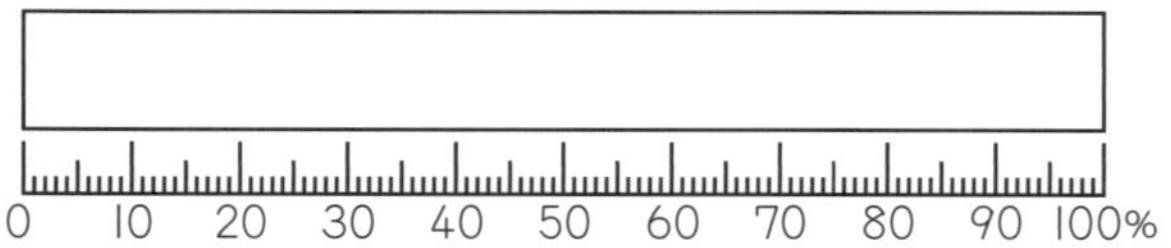

3 学校でのけがについて調べました。
右のグラフを見て答えましょう。

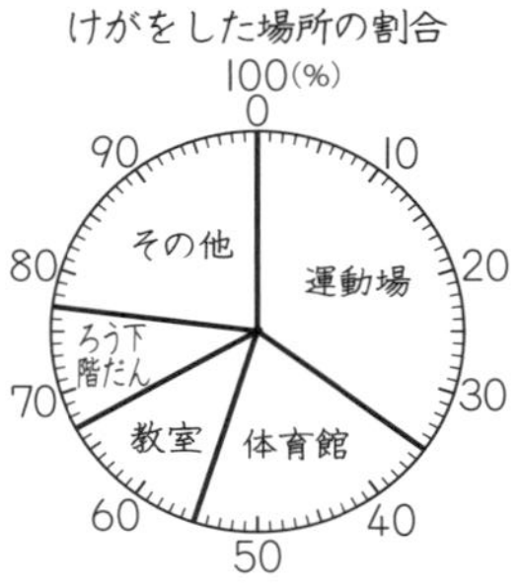

(1) このようなグラフを何といいますか。(4)

□グラフ

(2) それぞれの割合は，全体の何％ですか。(4×4)

運動場 □％

体育館 □％

教室 □％

ろう下・階だん □％

(3) 運動場でのけがは，ろう下・階だんの何倍ですか。(5×2)

式

答え

4 下の表は，学校の何の時間にけがをしたのかをまとめたものです。グラフに表しましょう。(8×2)

学校でけがをした時間の割合

時　間	休み時間	学習時間	そうじ時間	学校行事	その他
割合(%)	48	29	10	5	8

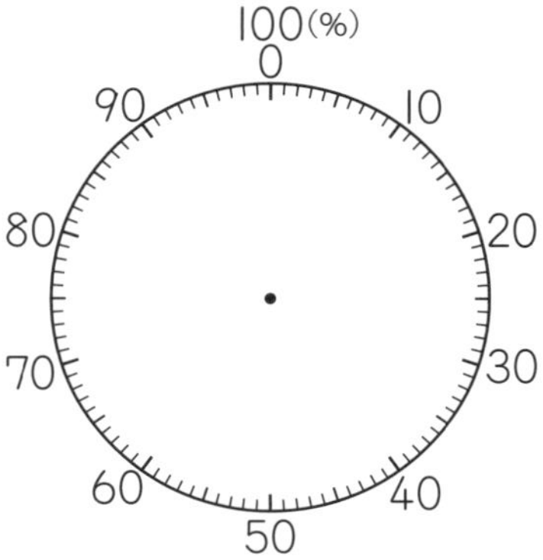

(A3 141%・B4 122%拡大)

割合のグラフ

名前

1　下のグラフは，こうたさんの学校で楽しい時間を調べて，人数の割合《わりあい》をグラフに表したものです。(5×8)

学校で楽しい時間の割合

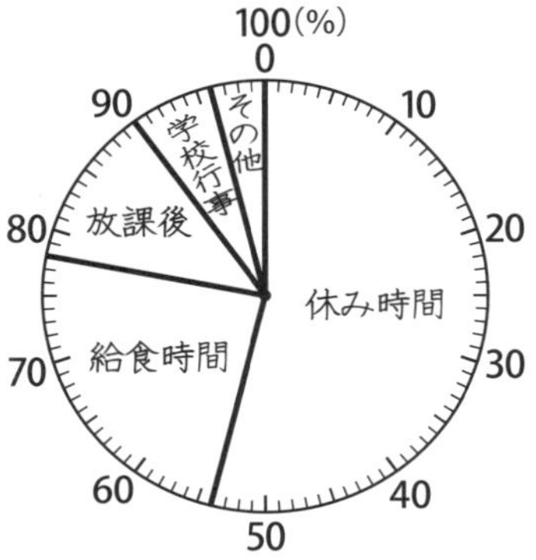

(1)「休み時間」と答えた人数は，「給食時間」と答えた人数の何倍ですか。

式

答え

(2)「休み時間」と答えた人数は，「放課後」と答えた人数の何倍ですか。

式

答え

(3)「休み時間」と答えた人数は，135人です。この調べに答えた人数は，全部で何人ですか。

式

答え

(4)「給食時間」と答えた人数は，何人ですか。

式

答え

2　下の表は，ある学校で「やってみたいスポーツ」を調査《ちょうさ》した結果です。それぞれの割合を求めて，グラフに表しましょう。

やってみたいスポーツ

スポーツ名	水泳	サッカー	野球	テニス	その他	合計
人数(人)	92	64	57	48	56	320
割合(%)						100

(1) それぞれの割合を％で表しましょう。(5×10)
(％は四捨五入《ししゃごにゅう》して整数で表しましょう。)

水泳　式

答え

サッカー　式

答え

野球　式

答え

テニス　式

答え

その他　式

答え

(2) 割合の合計が100％になることを確《たし》かめてから，下の帯グラフに表しましょう。(10)

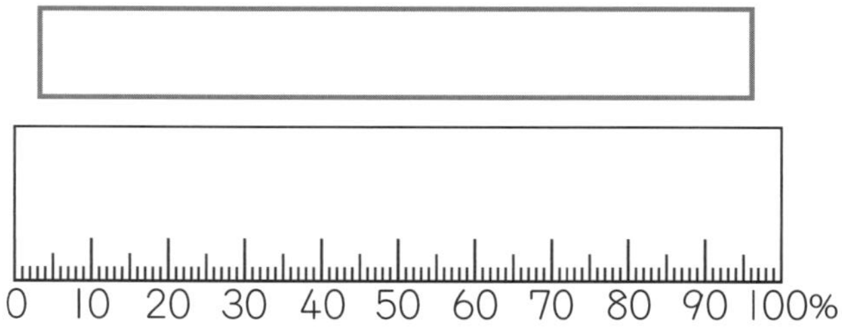

(A3 141%・B4 122%拡大)

月　　日

正多角形と円周の長さ

名前

1 次の □ にあてはまる言葉を下から選んで書きましょう。(5 × 5)

(1) 辺の長さと，角の大きさがすべて等しい多角形を □ といいます。

(2) ８つの辺の長さと，８つの角の大きさが等しい多角形を □ といいます。

(3) 円の周りのことを □ といいます。

(4) 円の周りの長さは，□ に3.14をかけて求めることができます。

(5) 3.14倍のことを □ といいます。

正八角形・円周・直径・半径 円周率《えんしゅうりつ》・正多角形・正六角形

2 下の図の正六角形の㋐と㋑の角度の求め方について，（　）にあてはまる数を書きましょう。(5 × 5)

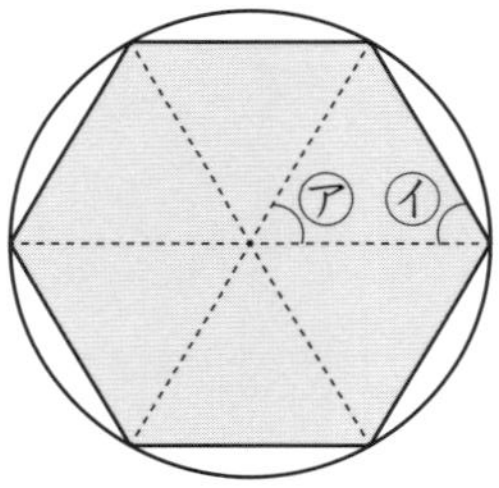

㋐の求め方
円の中心の角度は360度で，その角度を６つに等しく分けています。式は，
（　　　）÷（　　　）＝（　　　）
となります。

㋑の求め方
円の半径の長さはすべて等しく㋐の角度が（　　　）なので，正六角形の対角線でできる６つの三角形は正三角形です。
だから，㋑の角度は（　　　）です。

3 下の正多角形の名前を書きましょう。(5 × 2)

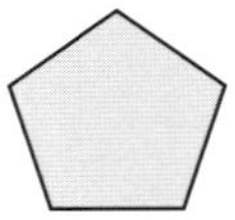

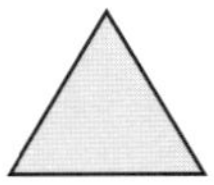

4 次の円周の長さを求めましょう。(5 × 4)

(1)

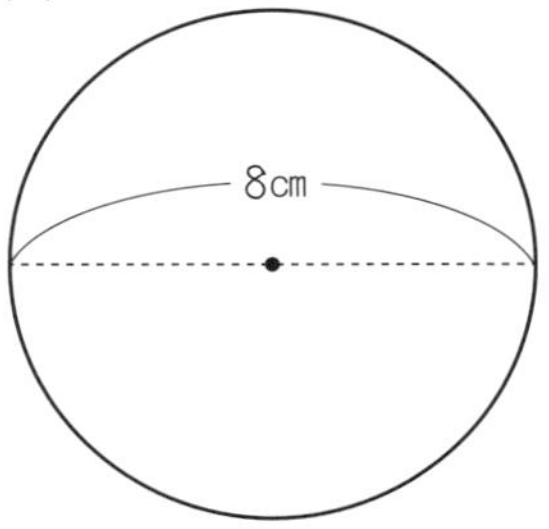

式

答え

(2)

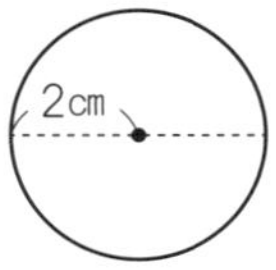

式

答え

5 円周が次の長さのときの直径を求めましょう。(5 × 4)

(1) 円周　50.24cm

式

答え

(2) 円周　21.98cm

式

答え

(A3 141%・B4 122%拡大)

月　日

正多角形と円周の長さ

名前

1　円の中心の角を 45°に分けて正多角形をかきます。どんな正多角形がかけますか。(10 × 2)

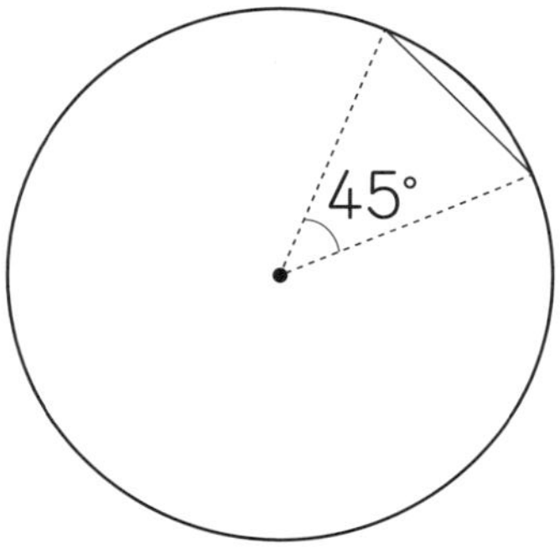

式

答え

2　下の図の色のついた図形の，周りの長さを求めましょう。(10 × 4)

(1)

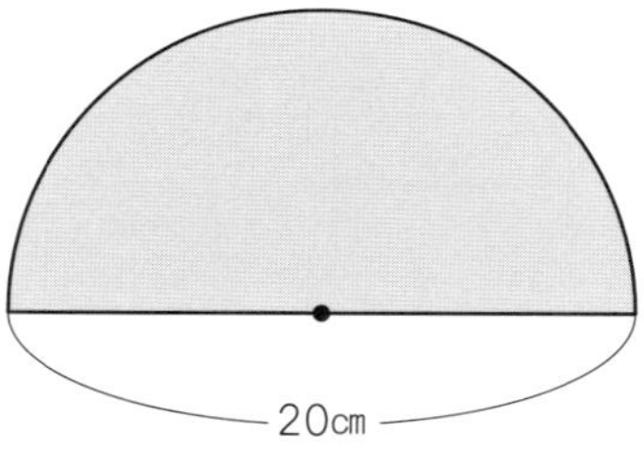

式

答え

(2)

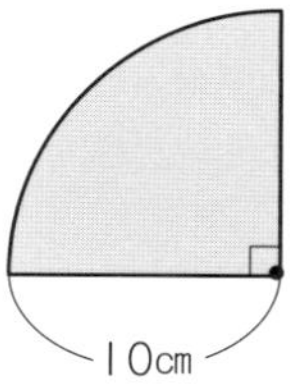

式

答え

3　円の直径を 1cm，2cm，3cm・・・と長くしていくと，円周の長さはどのように変化するでしょうか。

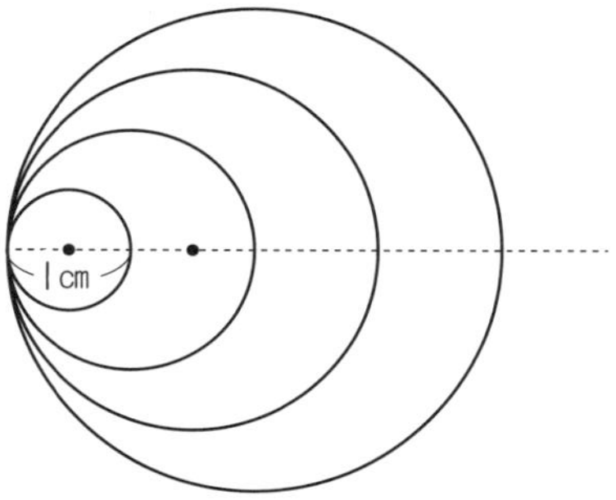

(1)　直径が 1cmのときの円周を求めましょう。(5 × 2)

式

答え

(2)　直径が 1cm，2cm，3cm・・・となると円周がどう変化するか表にまとめましょう。(10)

直径(cm)	1	2	3	4	5	6
円周(cm)						

(3)　直径が 2 倍，3 倍になると円周はどうなりますか。(10)

(4)　直径が 12cmのときの円周の長さを求めましょう。(5 × 2)

式

答え

(A3 141%・B4 122%拡大)

月　日

正多角形と円周の長さ

名前

1　次の □ にあてはまる言葉を書きましょう。(4 × 5)

(1)　辺の長さと，角の大きさがすべて等しい多角形を □ といいます。

(2)　７つの辺の長さと７つの角の大きさが等しい多角形を □ といいます。

(3)　円の周りのことを □ といいます。

(4)　円の周りの長さは，□ のおよそ3.14倍です。

(5)　3.14倍のことを □ といいます。

2　正五角形と正八角形の次の角度を，式を書いて求めましょう。(4 × 8)

正五角形

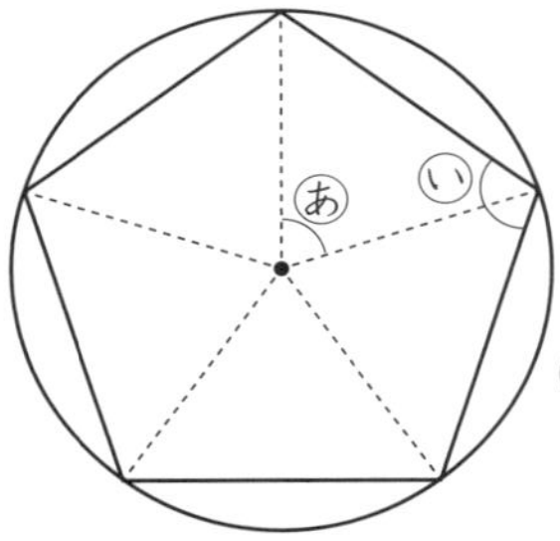

あ　式

答え

い　式

答え

正八角形

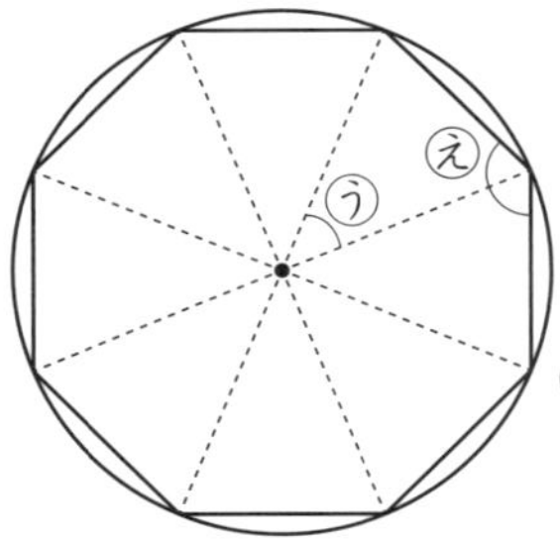

う　式

答え

え　式

答え

3　下の円を使って正六角形をかきましょう。(8)

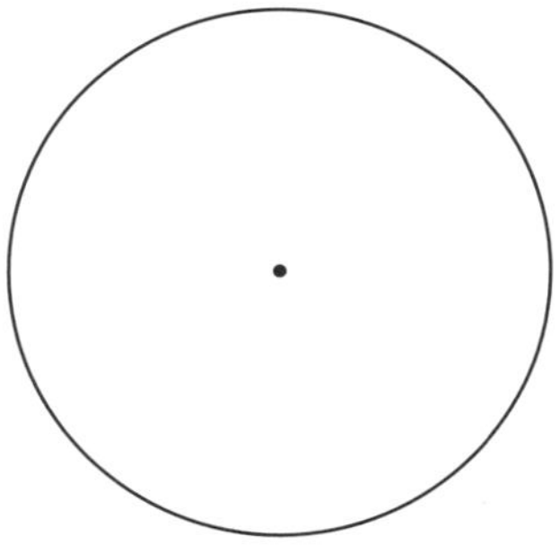

4　次の円周の長さを求めましょう。(4 × 6)

(1)

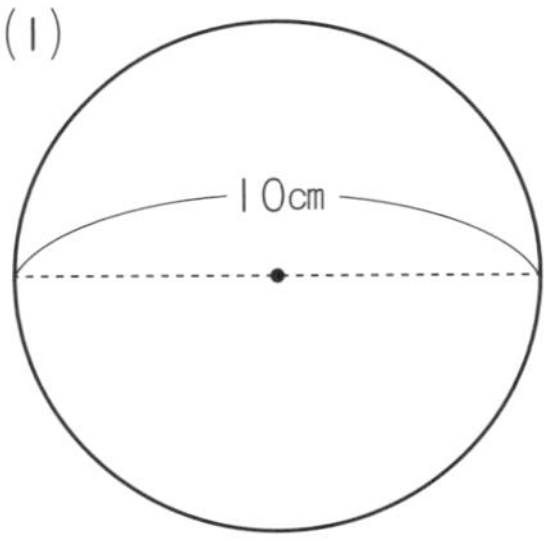

式

答え

(2)

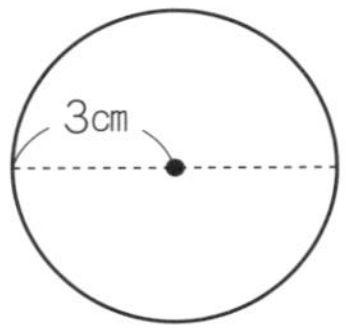

式

答え

(3)　直径が８mの円周の長さ

式

答え

5　円周が次の長さのときの直径を求めましょう。(4 × 4)

(1)　円周　6.28cm

式

答え

(2)　円周　47.1m

式

答え

(A3 141%・B4 122%拡大)

月　日

正多角形と円周の長さ

名前

1　円の中心の角を次の角度に分けて正多角形をかくと，どんな正多角形がかけますか。(5×4)

(1)

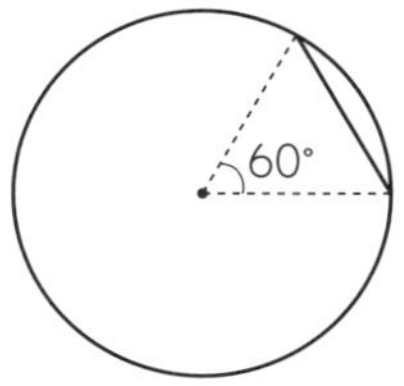

式

答え

(2)

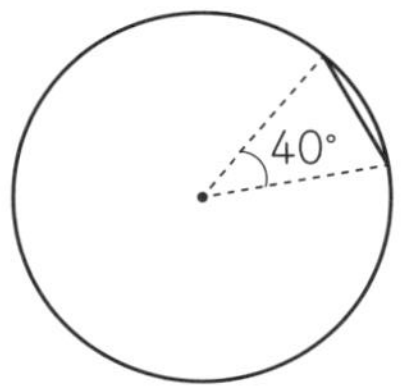

式

答え

2　下の図の色のついた図形の周りの長さを求めましょう。(5×6)

(1)

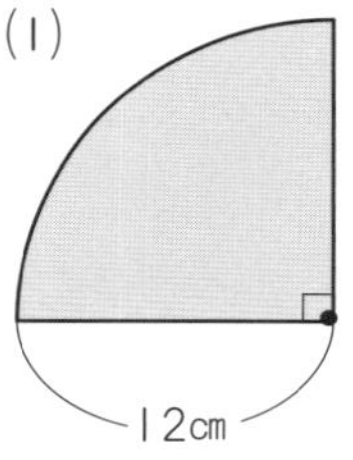

式

答え

(2)

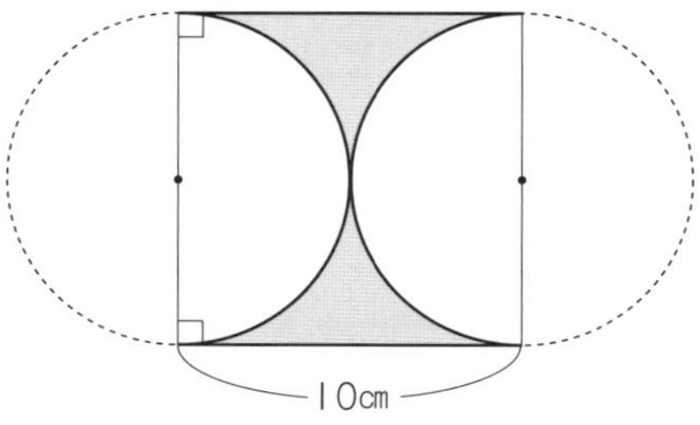

式

答え

(3)

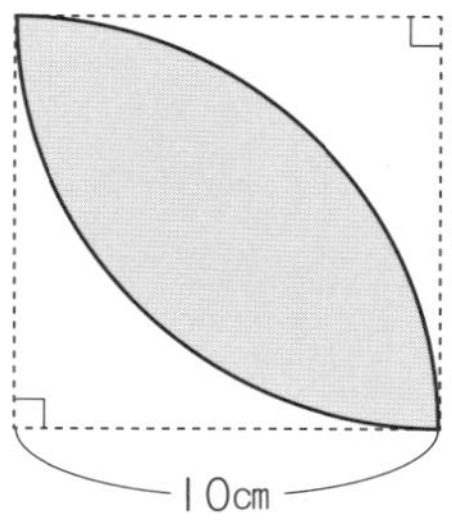

式

答え

3　円の直径を1cm，2cm，3cm・・・と長くしていくと，円周の長さはどのように変化するでしょうか。

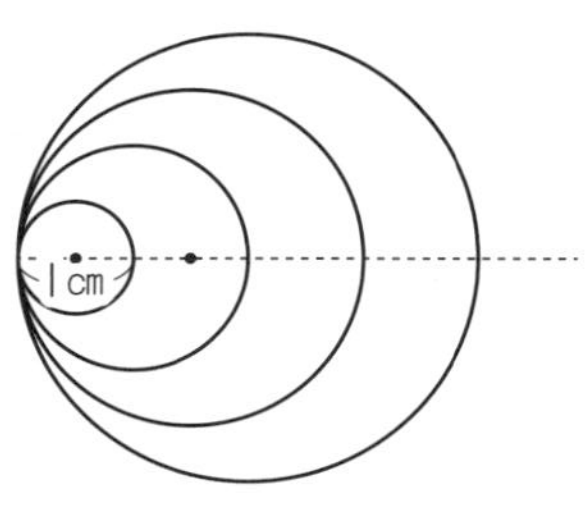

(1)　直径が1cm，2cm，3cm・・・となると円周がどう変化するか表にまとめましょう。(2×5)

直径(cm)	1	2	3	4	5
円周(cm)					

(2)　直径が2倍，3倍になると円周はどうなりますか。(10)

(3)　直径が次の長さのときの，円周の長さを求めましょう。(5×4)

㋐　直径　15cm

式

答え

㋑　直径　18cm

式

答え

4　タイヤの半径が25cmの一輪車があります。50回転すると，約何m進みますか。(5×2)

式

答え

(A3 141%・B4 122%拡大)

角柱と円柱

名前

1　下のそれぞれの角柱について，あてはまる言葉や数字を書きましょう。(5×8)

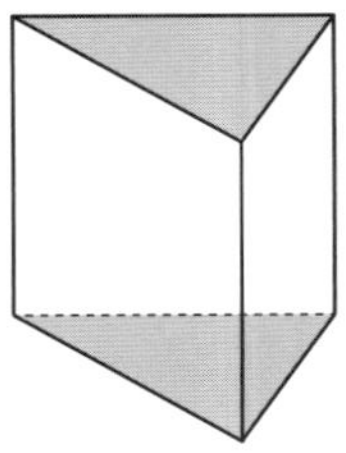

名　前	三角柱
側面の数	
頂点《ちょうてん》の数	6
辺の数	

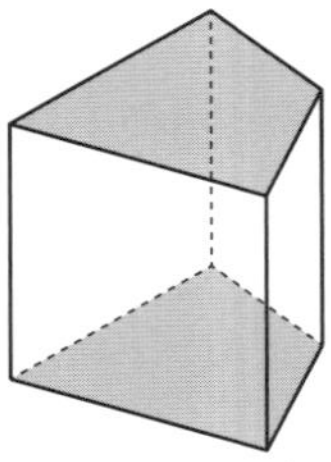

名　前	
側面の数	4
頂点の数	
辺の数	

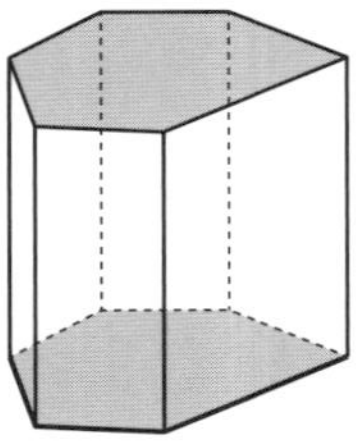

名　前	
側面の数	6
頂点の数	
辺の数	

2　円柱について，(　　)にあてはまる言葉を下から選んで書きましょう。(5×4)

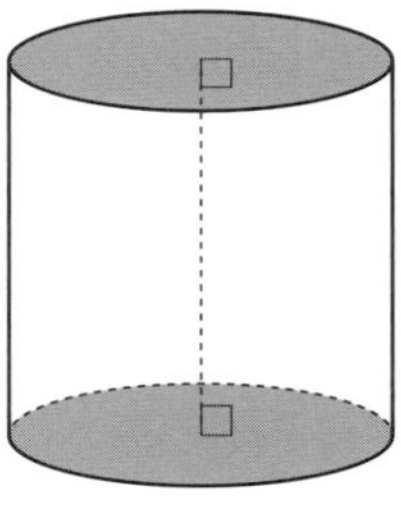

(1)　円柱の２つの底面の形は(　　　)です。同じ大きさで(　　　)な関係になっています。

(2)　円柱の側面のように曲がった面を(　　　)といいます。

(3)　図の中に底面から底面に垂直《すいちょく》にひいた点線が円柱の(　　　)です。

高さ・長方形・曲面・平面 平行・垂直・円・横

3　下の展開図《てんかいず》を組み立ててできる見取り図の続きをかきましょう。(10×2)

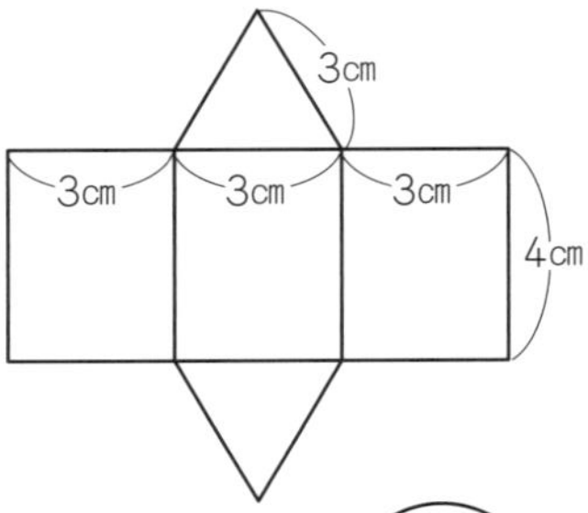

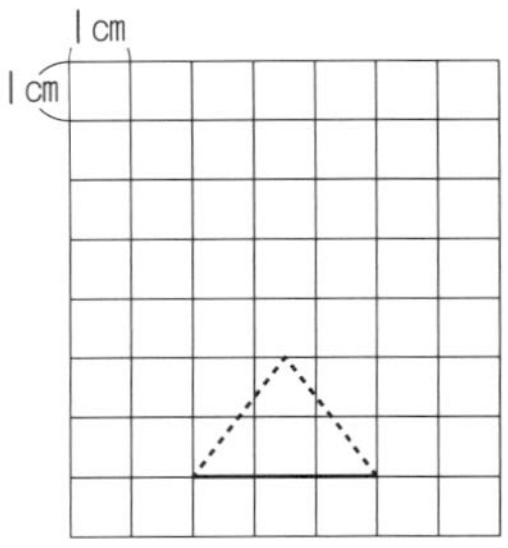

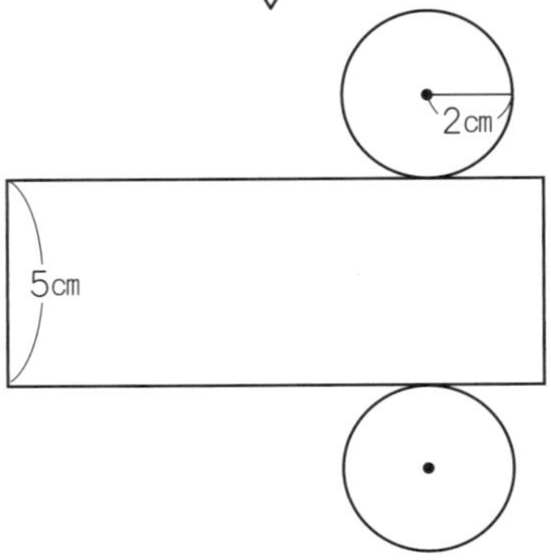

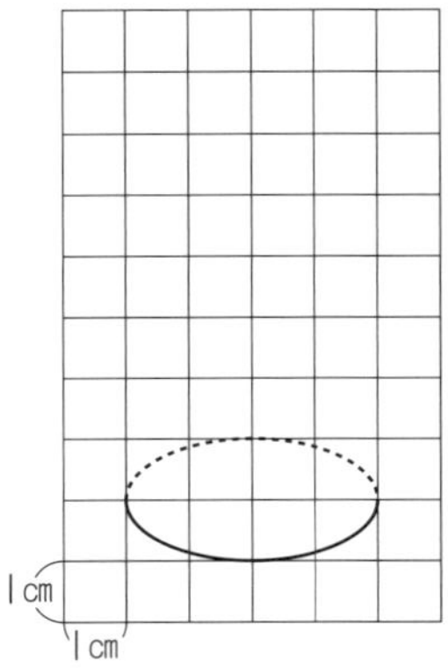

4　下の立体の展開図の続きをかきましょう。(10×2)

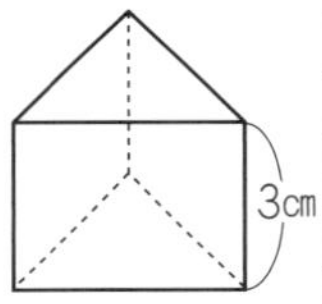

底面は１辺が4cmの正三角形

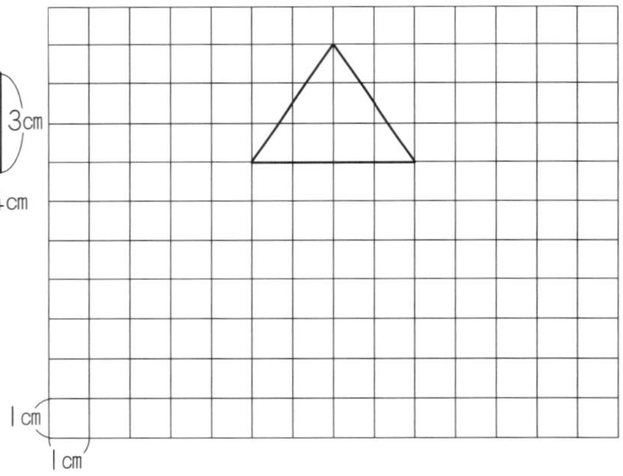

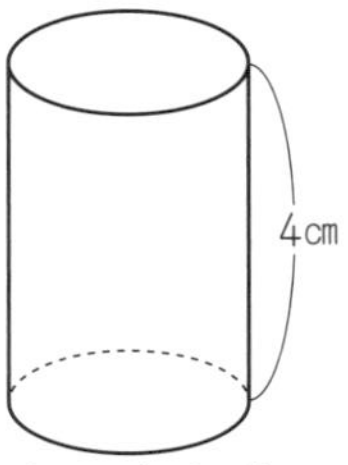

底面の直径は2cm

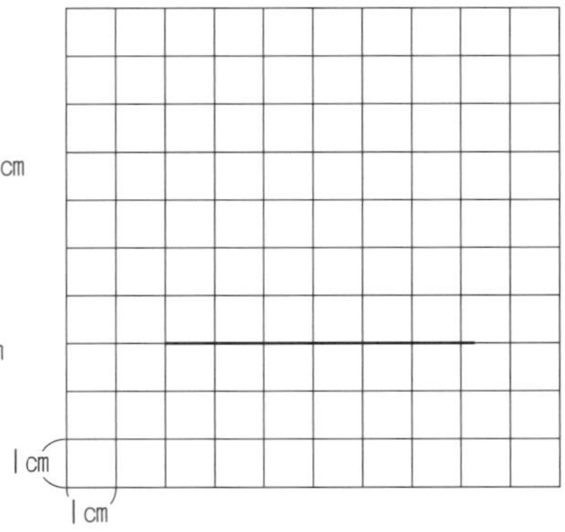

(A3 141%・B4 122%拡大)

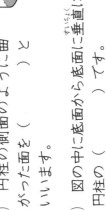

月　日

角柱と円柱

名前

1 下の図のような円柱を作ります。
展開図《てんかいず》をかくとき，側面になる長方形のたての長さを10cmにすると，横の長さは何cmにすればいいですか。(10×2)

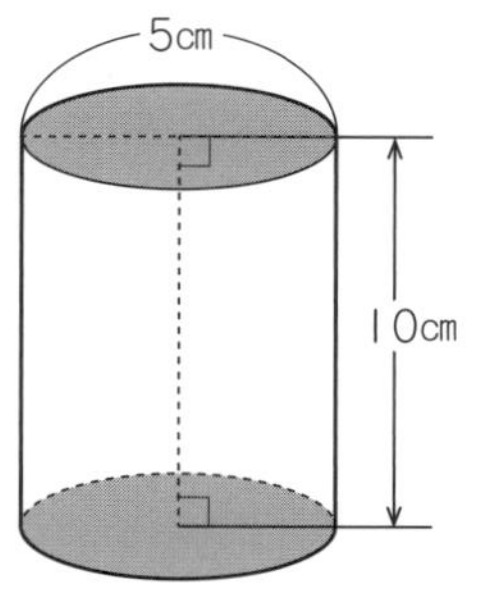

式

答え

2 次の長方形と，どの円を2まい組み合わせれば円柱ができますか。(10×2)

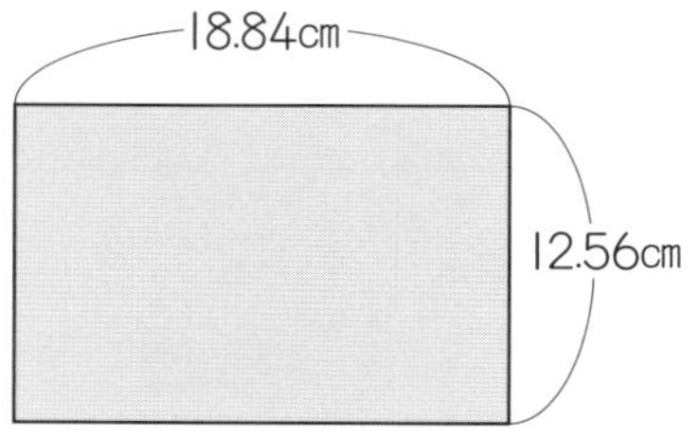

(1) 長方形の12.56cmを円柱の高さにしたときは，直径何cmの円を使いますか。

式

答え

(2) 長方形の18.84cmを円柱の高さにしたときは，直径何cmの円を使いますか。

式

答え

3 下の展開図を見て答えましょう。(10×4)

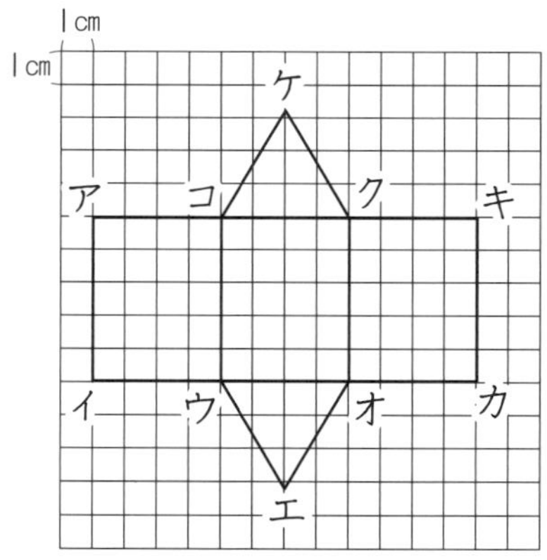

(1) この展開図を組み立ててできる立体の高さは，何cmですか。

cm

(2) 辺オカに接する辺を書きましょう。

辺

(3) 次の点に集まる点をすべて書きましょう。

点ケ

点カ

4 ①と②の立体を作るには，どれを何まい使えばいいですか。(10×2)

① ㋑を底面にした四角柱

② 六角柱

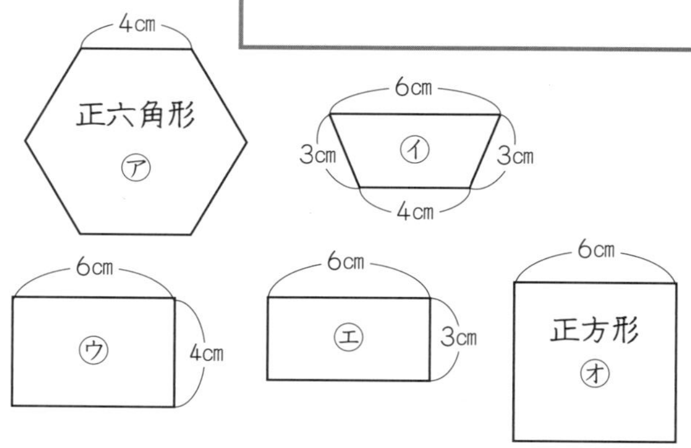

(A3 141%・B4 122%拡大)

月　日

角柱と円柱

名前

1 角柱と円柱について，（　　）にあてはまる言葉や数字を下から選んで書きましょう。(4×9)
（同じ言葉を２回使ってもいいです。）

(1) 角柱と円柱の２つの底面は（　　　）で，たがいに（　　　）の関係になっています。

(2) 角柱と円柱の底面と側面は（　　　）の関係になっています。

(3) 角柱の側面の形は（　　　　）か正方形になっています。

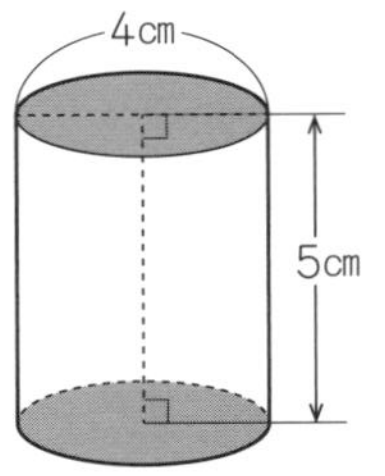

(4) 円柱の側面は，平面でなく（　　　）です。

(5) 円柱の展開図《てんかいず》では，側面の形は（　　　）です。
右図の円柱の側面の展開図では，たての長さは円柱の高さの（　　　）cmです。横の長さを求める式は（　　　）×（　　　）になります。

平面・曲面・２・４・６・垂直《すいちょく》・平行
合同・3.14・円・長方形・平行四辺形

2 角柱について表にまとめましょう。(4×10)

	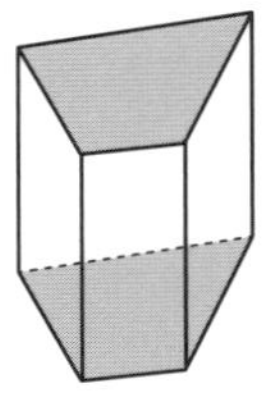	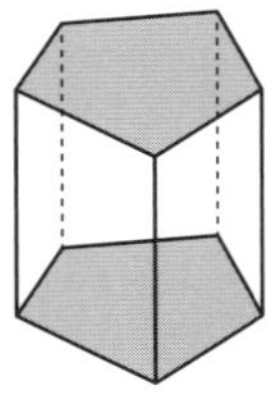	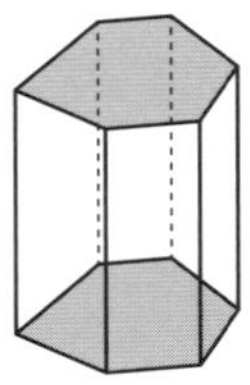
名前	四角柱		
側面の数		5	
頂点《ちょうてん》の数			
辺の数			

3 下の立体の展開図の続きをかきましょう。(8×2)

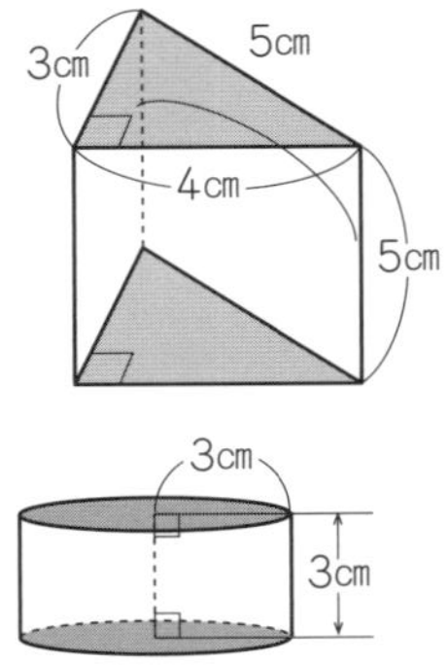

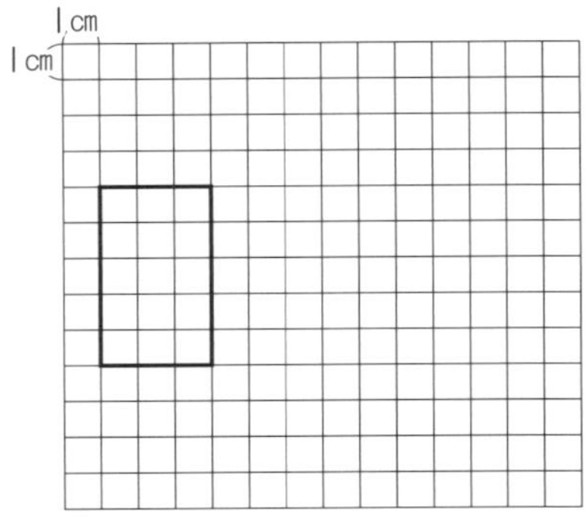

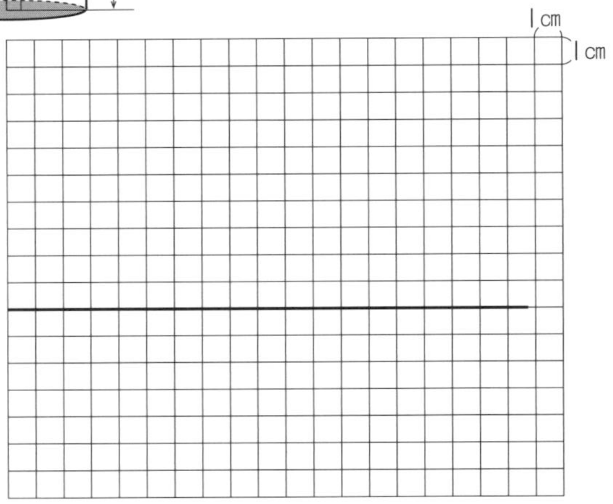

4 下の立体の展開図からできる立体の見取り図の続きをかきましょう。(4×2)

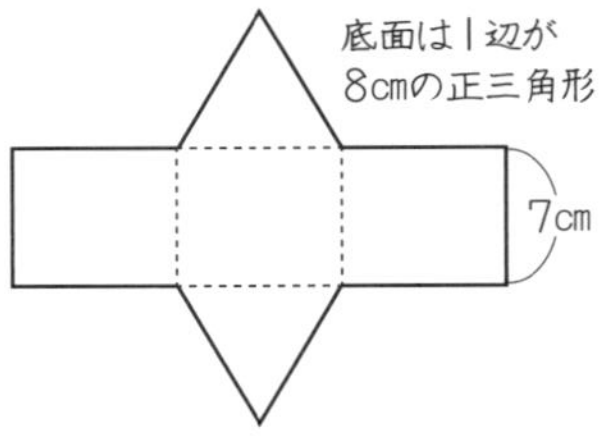

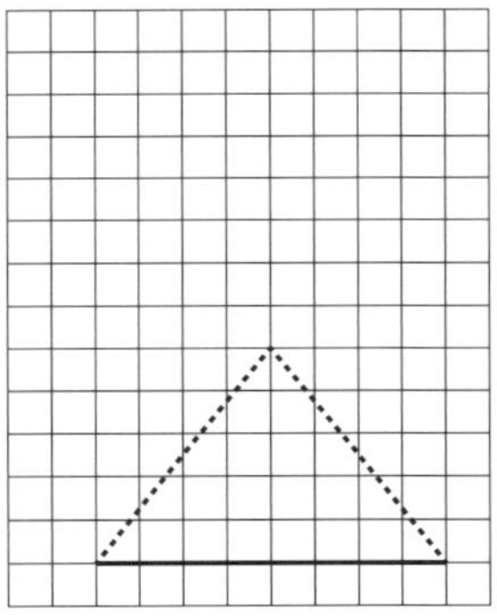

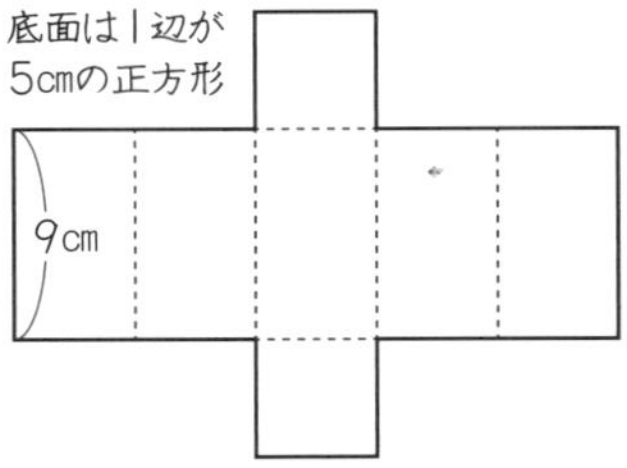

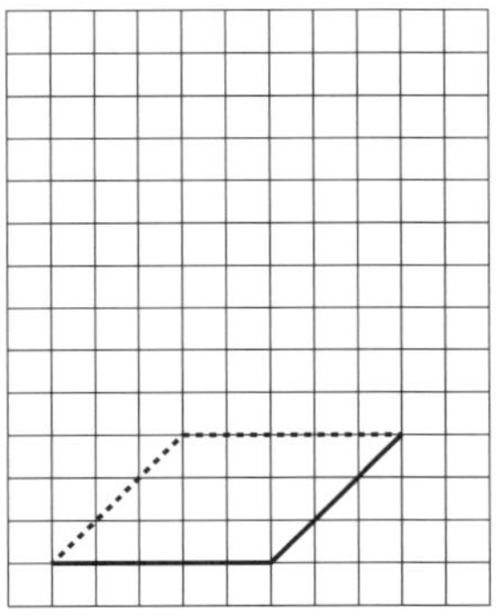

(A3 141%・B4 122%拡大)

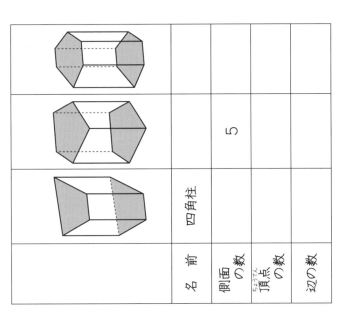

月　日

角柱と円柱

名前

1　下の図のような円柱を作ります。展開図《てんかいず》をかくとき，側面になる長方形のたてと横の長さは，何cmと何cmにすればいいですか。(5×2)

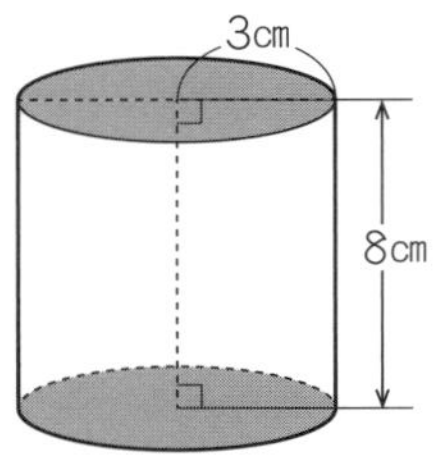

式

答え　たて　　　横

2　次の長方形を円柱の側面にして，円柱を作ります。底面は，直径何cmの円にすればよいですか。のりしろは考えないものとします。小数第二位を四捨五入《ししゃごにゅう》して求めましょう。

(10×4)

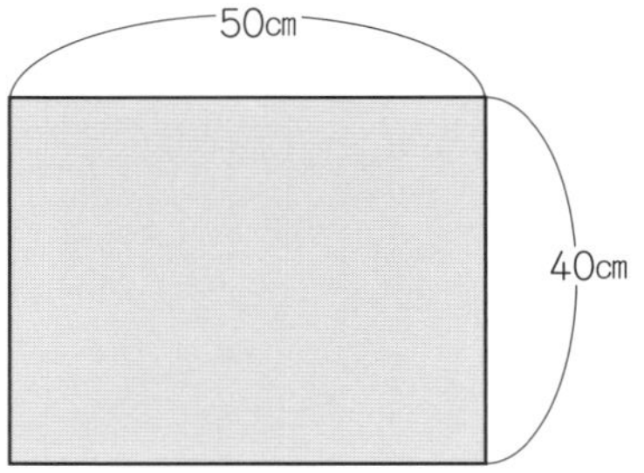

(1)　長方形の40cmを円柱の高さにしたときは，直径約何cmの円を作ればいいですか。

式

答え

(2)　長方形の50cmを円柱の高さにしたときは，直径約何cmの円を作ればいいですか。

式

答え

3　右の展開図を見て答えましょう。

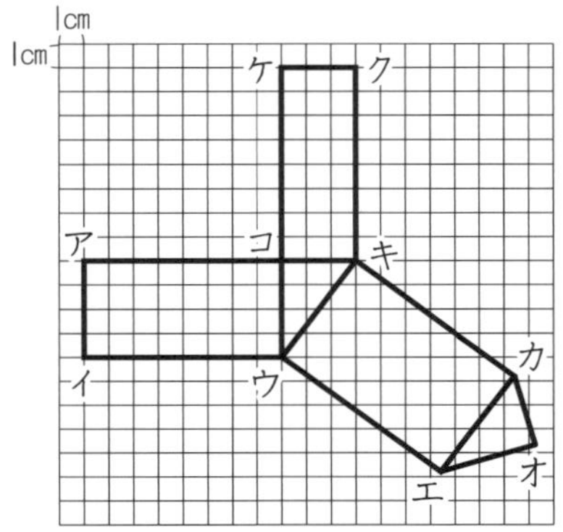

(1)　この展開図を組み立ててできる立体の高さは，何cmですか。(10)

答え

(2)　この展開図を組み立ててできる立体の，底面の面積を求めましょう。(5×2)

式

答え

(3)　次の辺に接する辺を書きましょう。(5×2)

辺アイ　　　辺カオ

(4)　次の点に集まる点をすべて書きましょう。(5×2)

点イ　　　点オ

4　①と②の立体を作るには，どれを何まい使えばいいですか。(5×2)

①　三角柱

②　五角柱

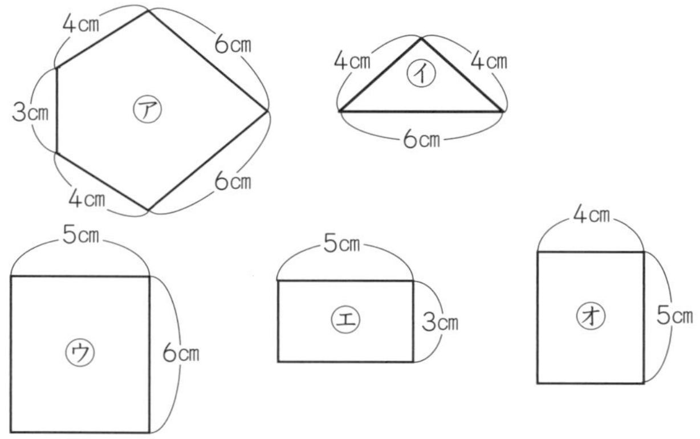

(A3 141%・B4 122%拡大)

解答

児童に実施させる前に，必ず指導される方が問題を解いてください。本書の解答は，あくまでも１つの例です。指導される方の作られた解答をもとに，本書の解答例を参考に児童の多様な考えに寄り添って○つけをお願いします。

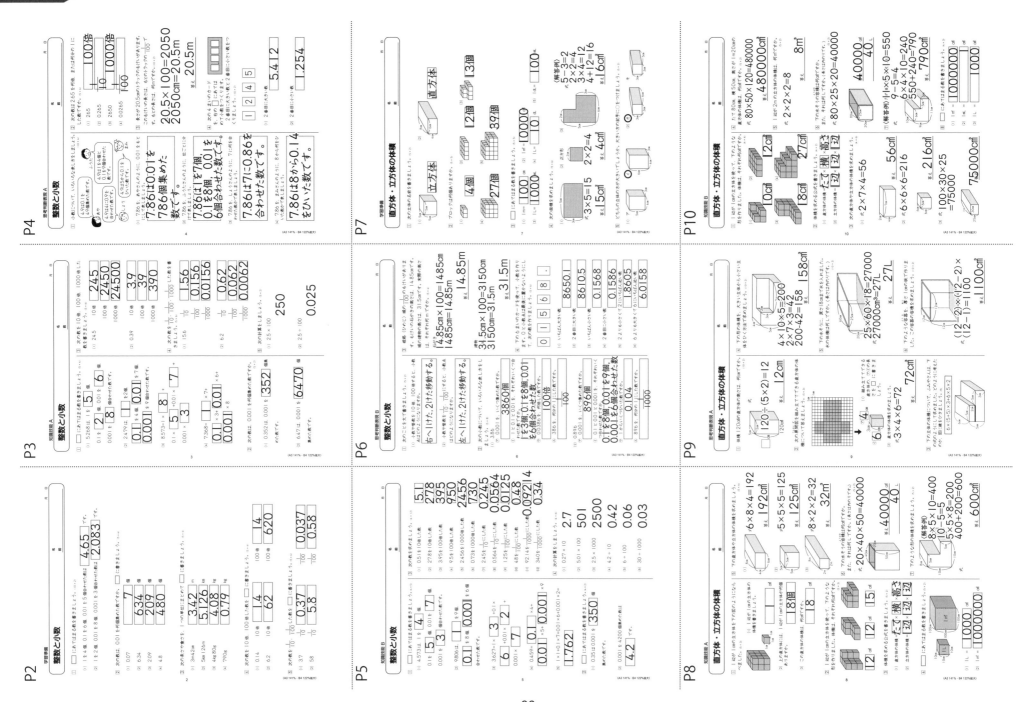

P2
学習準備 整数と小数

4.65　2.083
7　6.34　2.09　4.80
3.42　5.126　4.08　0.79
1.4　14　62　620
0.37　0.037　5.8　0.58

P3
知識技能A 整数と小数

5　2　6　8
352　6470
245　2450　24500
3.9　39　390
1.56　0.156　0.0156
0.62　0.062　0.0062
250
0.025

P4
思考判断表現A 整数と小数

7.86は0.01を786個集めた数です。
7.86は1を7個，0.1を8個，0.01を6個合わせた数です。
7.86は7に0.86を合わせた数です。
7.86は8から0.14をひいた数です。
100倍　$\frac{1}{10}$　1000倍　$\frac{1}{100}$
20.5×100=2050
2050cm=20.5m　答え 20.5m
5.412
1.254

P5
知識技能B 整数と小数

1.762
350
4.2
5.1　278　395　950　2456　730　0.245　0.0564　0.0125　0.48　0.09214　0.34
2.7　501　2500　0.42　0.06　0.03

P6
思考判断表現B 整数と小数

右へ1けた，2けた移動する。
左へ1けた，2けた移動する。
14.85cm×100=1485cm
1485cm=14.85m　答え 14.85m
31.5cm×100=3150cm
3150cm=31.5m　答え 31.5m
3860個
1を3個，0.1を8個，0.01を6個合わせた数
100倍
$\frac{1}{100}$
896個
0.1を8個，0.01を9個，0.001を6個合わせた数
0.104
$\frac{1}{1000}$
8650.1　8610.5　0.1568　0.1586　1.8605　6.0158

P7
学習準備 直方体・立方体の体積

立方体　直方体
4個　12個　13個　27個　39個
100　1000　10000　1000　10　100
3×5=15　答え 15㎠
2×2=4　答え 4㎠
〈解答例〉5−3=2　2×2=4　3×4=12　4+12=16　答え 16㎠

P8
知識技能A 直方体・立方体の体積

18個　18
12　12　15
たて×横×高さ　1辺×1辺×1辺
1000　1000000
6×8×4=192　答え 192㎤
5×5×5=125　答え 125㎤
8×2×2=32　答え 32㎥
20×40×50=40000　答え 40000㎤　40L
〈解答例〉8×5×10=400　10−5=5　5×5×8=200　400+200=600　答え 600㎤

P9
思考判断表現A 直方体・立方体の体積

120÷(5×2)=12　答え 12cm
4　6
3×4×6=72　答え 72㎤
4×10×5=200　2×7×3=42　200−42=158　答え 158㎤
25×60×18=27000　27000㎤=27L　答え 27L
(12−2)×(12−2)×(12−1)=1100　答え 1100㎤

P10
思考判断表現B 直方体・立方体の体積

10㎤　12㎤　18㎤　27㎤
たて×横×高さ　1辺×1辺×1辺
2×7×4=56　答え 56㎤
6×6×6=216　答え 216㎤
100×30×25=75000　答え 75000㎤
80×50×120=480000　答え 480000㎤
2×2×2=8　答え 8㎥
80×25×20=40000　答え 40000㎤　40L
〈解答例〉11×5×10=550　9−5=4　6×4×10=240　550+240=790　答え 790㎤
1000000　1　1000

児童に実施させる前に，必ず指導される方が問題を解いてください。本書の解答は，あくまでも１つの例です。指導される方の作られた解答をもとに，本書の解答例を参考に児童の多様な考えに寄り添って○つけをお願いします。

解答

P11

思考判断表現 B　月　日

直方体・立方体の体積　名前

1 ㋐の辺の長さは何cmですか。(5×2)

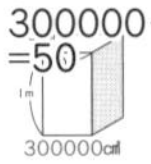

300000÷(100×60)
=50

答え 50cm

2 下の展開図を組み立ててできる直方体の体積を求めましょう。(10×2)

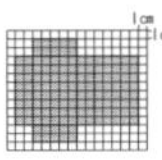

式 2×5×8
=80

答え 80cm³

3 下の立体の体積の求め方について，Aさん，Bさんは，それぞれ次のような式で答えを求めました。立体をどのように分けて考えたのか，立体に線をひきましょう。(10×2)

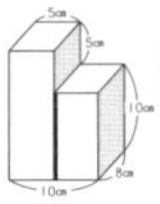

Aさん
8×5×(10+5)=600
8×(10−5)×10=400
600+400=1000

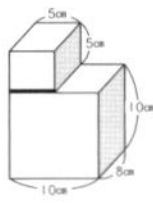

Bさん
8×10×10=800
8×5×5=200
800+200=1000

4 下の立体の体積を次の方法で求めましょう。(5×4)

〈解答例〉
9×3×3=81
9×3×(3−1)=54
81×2+54=216

答え 216cm³

9×9×3=243
9×(9−3−3)×1=27
243−27=216

答え 216cm³

5 厚さ1cmの板でできた水そうがあります。(5×6)

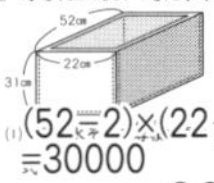

(1) (52−2)×(22−2)×(31−1)
=30000

答え 30000cm³

(2) 20L=20000cm³
20000÷(50×20)=20

答え 20cm

(3) 水を入れた水そうに，石をしずめると3cm水面が上がりました。石の体積を求めましょう。
式 50×20×3=3000

答え 3000cm³

11

P12

学習準備　月　日

比　例　名前

1 長さ1cmのひごを，図のように三角形にならべていきます。三角形を1個，2個と増やしていくと，まわりの長さは何cmになりますか。

(1) 三角形の数とまわりの長さの関係を表にまとめましょう。(5×5)

三角形の数（□個）	1	2	3	4	5	6
まわりの長さ（○cm）	3	4	5	6	7	8

(2) 三角形の数が1個ふえると，まわりの長さは何cmふえますか。(10)
1 cm

(3) 三角形の数を□，まわりの長さを○として式に表します。□にあてはまる数を書きましょう。(10)
□+ 2 =○

(4) 三角形が8この場合，まわりの長さは何cmになりますか。(3)の式を使って求めましょう。(5×2)
式 8+2=10

答え 10cm

2 たての長さを2cmと決めて，横の長さを変えて長方形を作ります。面積はどう変わりますか。

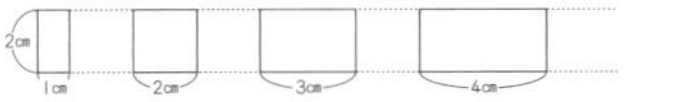

(1) 横の長さと面積の関係を表にまとめましょう。(5×5)

横の長さ（cm）	1	2	3	4	5	6
面積（cm²）	2	4	6	8	10	12

(2) 横の長さが2倍になると，面積はどうなりますか。(10)
面積も2倍になる。

(3) 横の長さと長方形の面積の変わり方は，次のどの変わり方ですか。(　)に○をつけましょう。(10)
(　) 一方の量がふえたら，もう一方の量はへる変わり方
(○) 一方の量がふえたら，もう一方の量もふえる変わり方
(　) 一方の量ともう一方の量を合わせると，いつも同じ数になる変わり方

12

P13

知識技能 A　月　日

比　例　名前

1 高さ3cmの積木を積んでいくときの全体の高さを調べます。

(1) 積木の数と全体の高さを表にまとめましょう。(5×5)

積木の数と高さ

積木の数(個)	1	2	3	4	5	6
高さ(cm)	3	6	9	12	15	18

(2) 積木の数と高さの関係について，□にあてはまる数や言葉を，下から選んで書きましょう。(5×3)

積木の数が2倍，3倍になると，高さも
2 倍，3 倍になっています。
このようなときに，高さは積木の数に
比例 するといいます。

1　2　3　4　かけ算　比例

(3) 積木を9個積んだときの高さは，何cmになりますか。(5×2)
式 3×9=27

答え 27cm

2 1まいが50円の色画用紙を買います。1まい，2まい…と買っていくときの代金を調べましょう。

(1) 色画用紙のまい数と代金を表にまとめましょう。(5×4)

色画用紙のまい数と代金

まい数(まい)	1	2	3	4
代金(円)	50	100	150	200

色画用紙のまい数と代金は比例しています。

(2) まい数が次の数の場合，代金は何円ですか。(5×4)
① 8まいの場合
式 50×8=400

答え 400円

② 15まいの場合
式 50×15=750

答え 750円

(3) 代金が6000円になるのは，色画用紙が何まいのときですか。
式 6000÷50=120

答え 120まい

13

P14

思考判断表現 A　月　日

比　例　名前

1 直方体のたてと横の長さは変えないで，高さを1cm，2cm，3cmと高くしたときの体積について表にまとめました。

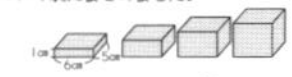

直方体の高さと体積

高さ(cm)	1	2	3	4
体積(cm³)	30	60	90	120

2倍　3倍

(1) 上の表にある□にあてはまる数を書きましょう。(5×4)

(2) 直方体の高さと体積は比例していますか。また，その理由も説明しましょう。(10)

〈解答例〉
比例している。
高さが2倍，3倍になると，体積も2倍，3倍になっているから。

(3) 直方体の高さが8cmのときの体積を求めましょう。
① 下の数直線の□にあてはまる数を書きましょう。(5×2)

8倍　8倍

② 直方体の高さが8cmのときの体積を求めましょう。(5×2)
式 30×8=240

答え 240cm³

2 1個が25円のあめを買います。あめの個数を1個，2個，3個…としたときの代金を表にまとめました。

あめの数と代金

あめの数(個)	1	2	3	4	5	6
代金(円)	25	50	75	100	125	150

(1) あめの数と代金は比例していますか。その理由も説明しましょう。(10)

〈解答例〉
比例している。
あめの数が2倍，3倍になると，代金も2倍，3倍になっているから。

(2) あめを10個買うときの代金を求めましょう。また，式についての説明を書きましょう。
式 25×10=250

答え 250円

〈解答例〉
あめ1個の10倍だから，代金も10倍にする。

(3) 500円で買えるあめの数を求めましょう。また，式について説明を書きましょう。
式 500÷50=10
2×10=20

答え 20個

式の説明
〈解答例〉
500円は50円の10倍だから，あめの数も10倍にする。

14

P15

知識技能 B　月　日

比　例　名前

1 同じ直方体を1個，2個，3個と積んでいきます。直方体の数と全体の体積の合計について調べましょう。

(1) 直方体の数と体積を表にしましょう。(5×6)

直方体の数と体積

直方体の数(個)	1	2	3	4	5	6
体積(cm³)	10	20	30	40	50	60

(2) 直方体の数と体積の関係について，□にあてはまる数や言葉を書きましょう。(5×3)
直方体の数が2倍，3倍になると，体積も
2 倍，3 倍になっています。
このようなときに，体積は直方体の数に
比例 するといいます。

(3) 直方体を次のように積んだときの体積を求めましょう。(5×4)
① 直方体15個
式 10×15=150

答え 150cm³

② 直方体20個
式 10×20=200

答え 200cm³

2 1mが40gのはり金があります。このはり金を1m，2m…と長くしていったときの重さを調べましょう。

(1) はり金の長さと重さの関係を表にしましょう。(5×6)

はり金の長さと重さ

長さ(m)	1	2	3	4	5	6
重さ(g)	40	80	120	160	200	240

(2) はり金の長さが次の長さの場合，重さは何gですか。(5×4)
① 16mの場合
式 40×16=640

答え 640g

② 30mの場合
式 40×30=1200

答え 1200g

(3) はり金の重さが2000gになるのは，長さが何mのときですか。(5×2)
式 2000÷40=50

答え 50m

15

P16

思考判断表現 B　月　日

比　例　名前

1 次の2つの量は比例していますか。表に書いて調べましょう。

(1) 水そうに1分間に3cmずつ深くなるように水を入れます。
① 2つの量の関係を表にまとめましょう。(10)

水を入れる時間と水の深さ

時間(分)	1	2	3	4	5	6
深さ(cm)	3	6	9	12	15	18

② 水そうに水を入れる時間と水の深さは比例していますか。どちらかを○で囲みましょう。(5)
（ 比例している ）　比例していない　）

③ ②の理由を書きましょう。(10)
(解答例) 時間が2倍，3倍になると，深さも2倍，3倍になっているから。

(2) 正方形の1辺の長さと面積
① 2つの量の関係を表にまとめましょう。(10)

正方形の1辺の長さと面積

1辺の長さ(cm)	1	2	3	4	5	6
面積(cm²)	1	4	9	16	25	36

② 正方形の1辺の長さと面積は，比例していますか。どちらかを○で囲みましょう。(5)
（ 比例している （ 比例していない ））

③ ②の理由を書きましょう。(10)
(解答例) 1辺の長さが2倍，3倍になっても，面積は2倍，3倍になっていないから。

2 1mの重さが60gのはり金があります。このはり金の長さと重さを表にまとめました。

はり金の長さと重さ

はり金の長さ(m)	1	2	3	4	5	6
重さ(g)	60	120	180	240	300	360

(1) はり金の長さと重さは，比例しています。はり金の長さを□，重さを○として関係を式に表しましょう。(10)
□×60=○

(2) はり金9mの重さを求めるのに，次のような式を書いています。どのように考えたのか，説明しましょう。(10×2)
①60×9=540
(解答例) 9mは1mの9倍だから，重さも9倍した。
②180×3=540
(解答例) 9mは3mの3倍だから，重さも3倍にした。

(3) このはり金1200gの長さを求めるのに，次のような式を考えています。どのように考えたのか，説明しましょう。(10×2)
①1200÷60=20
(解答例) 1mあたりの60gでわれば，何m分を求めることができるから。
②1200÷300=4
5×4=20
(解答例) 1200gは300gの4倍。重さが4倍だから，長さも5mの4倍にした。

16

P17

学習準備　月　日

小数のかけ算　名前

1 次の計算を筆算でしましょう。(5×8)

(1) 47×6　282
(2) 31×24　744
(3) 26×35　910
(4) 76×48　3648
(5) 5.8×4　23.2
(6) 4.2×13　54.6
(7) 6.7×98　656.6
(8) 0.04×5　0.2

2 1本が3.5dLのジュースが6本あります。ジュースは，全部で何dLになりますか。(10×2)
式 3.5×6=21

答え 21dL

3 1mが20.4gのはり金があります。8mでは，何gになりますか。(10×2)
式 20.4×8=163.2

答え 163.2g

4 1mが80円のロープがあります。それぞれの長さの代金は，いくらですか。
(1) 3m
式 80×3=240

答え 240円

(2) 4m
式 80×4=320

答え 320円

17

P18

知識技能 A　月　日

小数のかけ算　名前

1 3.4×2.6の計算の仕方について考えます。□にあてはまる数を書きましょう。(5×3)

34×26=884
3.4を 10 倍した34と2.6を 10 倍した26との積は884です。
それをもとに3.4×2.6の答えを求めます。
884÷ 100 =8.84

2 次の筆算の答えに，0や小数点を書いて，正しい答えにしましょう。(5×3)
(1) 0.5×3=0.15
(2) 2.4×3.1=7.44
(3) 0.34×0.6=0.204

3 27×48=1296をもとにして，次の積を求めて□に書きましょう。(5×2)
(1) 2.7×4.8　12.96
(2) 0.27×0.48　0.1296

4 次の計算で，答えが9.7よりも小さくなるのはどれですか。記号を□に書きましょう。(5×2)
㋐ 9.7×0.89　㋑ 9.7×1.05
㋒ 9.7×2.98　㋓ 9.7×0.05
㋐　㋓

5 かけ算をしましょう。(5×8)
(1) 7.6×8.4　63.84
(2) 6.43×6.8　43.724
(3) 57×5.8　330.6
(4) 0.8×1.5　1.2
(5) 2.7×0.4　1.08
(6) 0.8×0.6　0.48
(7) 0.7×0.03　0.021
(8) 4.25×3.6　15.3

6 □にあてはまる数を書きましょう。(5×2)
(1) 2.6×4×2.5=2.6× 10
= 26
(2) 4.5×2.9+5.5×2.9
=(4.5 +5.5)×2.9
= 29

18

P19

思考判断表現 A　月　日

小数のかけ算　名前

1 1mが80円のリボンを2.6m買います。代金は，いくらになりますか。(10×2)
式 80×2.6=208

答え 208円

2 1mが3.2kgの鉄パイプがあります。この鉄パイプ0.6mの重さは，何kgですか。(10×2)
式 3.2×0.6=1.92

答え 1.92kg

3 1Lが0.95kgの油があります。この油0.8Lの重さは何kgですか。(10×2)
式 0.95×0.8=0.76

答え 0.76kg

4 たてが4.2mで，横が5.8mの学級園があります。この学級園の面積を求めましょう。

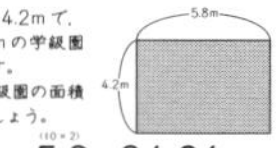

式 4.2×5.8=24.36

答え 24.36m²

5 次の計算のまちがいを直します。□にあてはまる数を書きましょう。(5×4)
(1) 8.4×2.6=21.84
小数点の位置が，まちがっています。8.4と2.6をそれぞれ10倍して計算しています。
だから，2184を 100 でわります。
答えは 21.84 です。

(2) 0.39×0.76=0.2964
小数点の位置はいいですが，一の位に 0 を書かないといけません。
答えは 0.2964 です。

19

解答

児童に実施させる前に，必ず指導される方が問題を解いてください。本書の解答は，あくまでも１つの例です。指導される方の作られた解答をもとに，本書の解答例を参考に児童の多様な考えに寄り添って〇つけをお願いします。

P20

知識技能 B　月　日

小数のかけ算　名前

1 □にあてはまる数を書きましょう。
(1) 34×2.6＝34×26÷ 100
(2) 4.7×0.08＝47×8÷ 1000
(3) 70×0.19＝70×19÷ 100

2 次の筆算の答えに，0や小数点を書いて，正しい答えにしましょう。
(1) 4.5 × 2.9 … 13.05
(2) 9.2 × 0.3 … 2.76
(3) 0.4 × 1.6 … 0.64
(4) 0.34 × 0.23 … 0.0782

3 73×65＝4745 をもとにして，次の積を求めて □に書きましょう。
(1) 73×6.5　474.5
(2) 0.73×6.5　4.745
(3) 0.73×0.65　0.4745

4 次の計算で，答えが 18.6 よりも小さくなるのはどれですか。記号を □に書きましょう。
㋐ 18.6×1.1　㋑ 18.6×0.99　㋒ 18.6×1　㋓ 18.6×2.01　㋔ 18.6×0.8
（イ）（オ）

5 かけ算をしましょう。
(1) 2.3×4.6　10.58
(2) 3.14×4.6　14.444
(3) 0.48×9.7　4.656
(4) 0.4×1.3　0.52
(5) 4.37×2.4　10.488
(6) 7.85×0.35　2.7475
(7) 80×2.5　200
(8) 0.6×0.25　0.15

6 □にあてはまる数を書きましょう。
(1) 4×2.8×2.5＝2.8×(4× 2.5)＝ 28
(2) 3.6×4.5＋3.6×5.5＝3.6×(4.5＋ 5.5)＝ 36

20　(A3 141%・B4 122%拡大)

P21

思考判断表現 B　月　日

小数のかけ算　名前

1 1mが 120円のホースを 3.5m 買います。代金は，いくらになりますか。
式 120×3.5＝420
答え 420円

2 1㎡が 4.8kgの金ぞくの板があります。
(1) この金ぞく 1.2㎡の重さは，何kgですか。
式 4.8×1.2＝5.76
答え 5.76kg
(2) この金ぞく 0.9㎡の重さは，何kgですか。
式 4.8×0.9＝4.32
答え 4.32kg

3 1Lが 1.05kgの液体《えきたい》があります。
(1) この液体 2.4Lの重さは，何kgですか。
式 1.05×2.4＝2.52
答え 2.52kg
(2) この液体 0.8Lの重さは，何kgですか。
式 1.05×0.8＝0.84
答え 0.84kg

4 たてが 2m72cmで，横が 4m30cmの学級園の面積は，何㎡ですか。
式 2.72×4.3＝11.696
答え 11.696㎡

5 1辺が 2.5mの立方体の体積は，何㎥ですか。
式 2.5×2.5×2.5＝15.625
答え 15.625㎥

6 次の計算には，まちがいがあります。□にまちがっていることを書き，（　）に正しい答えを書きましょう。
(1) 3.4×2.5 … 小数点の位置。（8.5）
(2) 0.45×1.2 … 一の位に0がないこと。（0.54）

21　(A3 141%・B4 122%拡大)

P22

学習準備　月　日

小数のわり算　名前

1 次の計算を筆算でしましょう。
(1) 72÷4　18
(2) 261÷3　87
(3) 696÷87　8
(4) 384÷16　24
(5) 70÷14　5
(6) 801÷89　9
(7) 360÷90　4
(8) 4200÷700　6

2 わり切れるまで計算しましょう。
(1) 8.2÷5　1.64
(2) 78÷24　3.25

3 商を $\frac{1}{10}$ の位までのがい数で表しましょう。
(1) 9.5÷13　約0.7
(2) 7.9÷31　約0.3

4 2本のリボンがあります。それぞれ 1mのねだんを求めましょう。
(1) 2mで 380円
式 380÷2＝190
答え 190円
(2) 3mで 540円
式 540÷3＝180
答え 180円

5 18.4mのロープを 23本に切ります。1本何mになりますか。
式 18.4÷23＝0.8
答え 0.8m

22　(A3 141%・B4 122%拡大)

P23

知識技能 A　月　日

小数のわり算　名前

1 1.2mが 210円のリボンがあります。このリボン 1mのねだんを求める式は，210÷1.2です。計算の方法を考えて，□にあてはまる数を書きましょう。
(1) 右のような図に表して考えましょう。
1.2は0.1の 12 個分だから，210÷12＝17.5
17.5円は 0.1m分のねだんです。
1mは 0.1mの 10倍だから，
17.5× 10 ＝ 175
(2) わり算のきまりを使って考えましょう。
210も 1.2も 10 倍して計算します。
2100 ÷12＝ 175
どちらの考え方でも，答えは 175 円です。

2 商が 7.31÷1.7と等しくなる式を選んで，記号を □に書きましょう。
㋐ 7.31÷17　㋑ 0.731÷0.17　㋒ 731÷17　㋓ 73.1÷17
（イ）（エ）

3 商が 9よりも大きくなる式を選んで，記号を □に書きましょう。
㋐ 9÷0.6　㋑ 9÷0.45　㋒ 9÷1.2　㋓ 9÷4.5
（ア）（イ）

4 わり切れるまで計算しましょう。
(1) 5.4÷0.6　9
(2) 9.1÷2.6　3.5
(3) 7÷0.4　17.5
(4) 7.2÷4.5　16
(5) 17.1÷3.8　4.5

5 商は一の位まで求めて，あまりも出しましょう。
(1) 4.1÷0.6　6あまり0.5
(2) 7.5÷0.23　32あまり0.14

6 商は四捨五入して，上から２けたのがい数で表しましょう。
(1) 2.23÷1.4　約1.6
(2) 0.3÷0.9　約0.33

23　(A3 141%・B4 122%拡大)

P24

思考判断表現 A　月　日

小数のわり算　名前

1 3.2mで 5.12kgの金ぞくのパイプがあります。この金ぞくのパイプ 1mの重さは，何kgですか。
式 5.12÷3.2＝1.6
答え 1.6kg

2 6.2Lのジュースを 0.35Lずつビンに入れます。ジュースの入ったビンは何本できて，何Lあまりますか。
式 6.2÷0.35＝17あまり0.25
答え 17本できて，0.25Lあまる。

3 6.5Lのペンキで 30.5㎡のかべをぬったことになりますか。1Lあたり何㎡のかべをぬったことになりますか。四捨五入して，上から２けたのがい数で求めましょう。
式 30.5÷6.5＝約4.7
答え 約4.7㎡

4 面積が 57.2㎡の花だんがあります。横の長さは 8.8mです。たての長さは何mですか。
式 57.2÷8.8＝6.5
答え 6.5m

5 3.2Lで 3.84kgの液体《えきたい》があります。はるとさんは，3.84÷3.2と式をかいて，答えを求めようとしています。はるとさんが求めようとしている答えは，どちらですか。□に記号を書きましょう。
㋐ 1Lあたり何kgか。　㋑ 1kgあたり何Lか。
（ア）

6 右の計算のまちがいを直します。□にあてはまる数を書きましょう。
わられる数とわる数をそれぞれ 10 倍して計算するので，91.2 ÷ 24 になります。
正しい答えは 3.8 です。

24　(A3 141%・B4 122%拡大)

P25

知識技能 B　月　日

小数のわり算　名前

1 0.4㎡に 3.2Lの水をまきます。1㎡あたり何Lの水をまくか考えます。
(1) 式の □にあてはまる数を書きましょう。
式 3.2 ÷ 0.4
(2) 計算方法を，右のような図に表して考えましょう。
0.4は0.1の 4 個分です。
3.2÷4＝0.8
0.8Lは 0.1 ㎡あたりにまく水の量です。
1㎡は 0.1 ㎡の 10倍だから，
0.8× 10 ＝ 8
(3) 計算方法を，わり算のきまりを使って考えましょう。
3.2と0.4を 10倍して計算します。
32 ÷ 4 ＝ 8
どちらの考え方でも，答えは 8 Lです。

2 次の計算をしましょう。
※ わり切れるまで計算しましょう。
(1) 3.64÷1.4　2.6
(2) 5.46÷7.8　0.7
(3) 1.9÷2.5　0.76
(4) 3.1÷0.4　7.75

3 商は一の位まで求めて，あまりも出しましょう。
(1) 5.1÷0.7　7あまり0.2
(2) 210÷8.6　24あまり3.6

4 商は四捨五入して，上から２けたのがい数で表しましょう。
(1) 7.3÷1.5　約4.9
(2) 2.51÷7.8　約0.32

5 次の式で商が最も大きくなるものと，最も小さくなるものを選び，□に記号を書きましょう。
㋐ 23÷0.4　㋑ 23÷1.15　㋒ 23÷5.75　㋓ 23÷0.08　㋔ 23÷1
商がいちばん大きくなる（エ）
商がいちばん小さくなる（ウ）

6 商が等しくなる式を選んで，□に記号を書きましょう。
(1) 8.4÷0.24　（イ）
(2) 8.4÷2.4　（エ）
㋐ 0.84÷2.4　㋑ 840÷24　㋒ 840÷2.4　㋓ 84÷24

25　(A3 141%・B4 122%拡大)

P26

思考判断表現 B　月　日

小数のわり算　名前

1 4.5mで 7.2kgの金ぞくのパイプがあります。
(1) このパイプ 1mの重さは何kgですか。
式 7.2÷4.5＝1.6
答え 1.6kg
(2) このパイプ 1kgでは何mですか。
式 4.5÷7.2＝0.625
答え 0.625m

2 1Lが 0.8kgの油があります。この油が 3.2kgでは何Lになりますか。
式 3.2÷0.8＝4
答え 4L

3 16.8mのテープがあります。このテープを 1.8mずつに切ります。1.8mのテープは何本できて，何mあまりますか。
式 16.8÷1.8＝9あまり0.6
答え 9本できて0.6mあまる。

4 面積が 15.75㎡の花だんがあります。たての長さは 1.5mです。横の長さは何mですか。
式 15.75÷1.5＝10.5
答え 10.5m

5 6.5Lで 18.2㎡のかべをぬりました。(1)と(2)を，それぞれ上から２けたのがい数で求めましょう。
(1) 1㎡に何Lのペンキをぬっていますか。
式 6.5÷18.2＝0.357
答え 約0.36L
(2) 1Lで何㎡のかべをぬっていますか。
式 18.2÷6.5＝2.8
答え 2.8㎡

6 次の計算には，まちがいがあります。□にあてはまる数を書きましょう。
(1) 0.04)2.6 … 商の小数点の位置が，ちがいます。わられる数とわる数を，それぞれ 100 倍して計算します。260 ÷4
正しい答えは 65 です。
(2) 13あまり10 … あまりの小数点の位置が，ちがいます。たしかめ算をしてみましょう。3.2 ×13＋□＝42.6
正しい答えは，13あまり □ です。

26　(A3 141%・B4 122%拡大)

P27

思考判断表現 A　月　日

小数倍　名前

1 赤色，白色，青色の３本のロープがあります。赤色のロープは 6mです。
(1) 赤色のロープの 1.6倍が，白色のロープです。白色のロープの長さは，何mですか。
式 6×1.6＝9.6
答え 9.6m
(2) 赤色のロープの 0.8倍が，青色のロープです。青色のロープの長さは，何mですか。
式 6×0.8＝4.8
答え 4.8m

2 バケツに 4Lの水が入っていました。さらに水を入れて，6.8Lになりました。バケツの水は，何倍になりましたか。
式 6.8÷4＝1.7
答え 1.7倍

3 コップに 4.8dLのジュースがありましたが，飲んだので 3.6dLになりました。はじめにあったジュースの，何倍になりましたか。
式 3.6÷4.8＝0.75
答え 0.75倍

4 ともやさんがかっている犬が，9kgになりました。これは，1年前の 2.5倍にあたるそうです。犬の 1年前の体重は，何kgですか。
式 9÷2.5＝3.6
答え 3.6kg

27　(A3 141%・B4 122%拡大)

P28

思考判断表現 B　月　日

小数倍　名前

1 青色，白色，黒色の３本のロープがあります。青色のロープは 7.5mです。
(1) 青色のロープの 2.4倍が，白色のロープです。白色のロープの長さは，何mですか。
式 7.5×2.4＝18
答え 18m
(2) 青色のロープの 0.7倍が，黒色のロープです。黒色のロープの長さは，何mですか。
式 7.5×0.7＝5.25
答え 5.25m

2 ひまわりが 20cmのときに植えかえました。今《いま》は 8.7倍の高さです。今の高さは，何mですか。
〈解答例〉
式 20cm＝0.2m
0.2×8.7＝1.74
答え 1.74m

3 Aのビンには，5dLのジュースが入っています。Bのビンには，8dLのジュースが入っています。
(1) BにはAの何倍のジュースが入っていますか。
式 8÷5＝1.6
答え 1.6倍
(2) AにはBの何倍のジュースが入っていますか。
式 5÷8＝0.625
答え 0.625倍

4 ゆきやさんの体重は 38kgです。お母さんの体重は 50kgです。
(1) お母さんの体重は，ゆきやさんの体重の何倍ですか。上から２けたのがい数で求めましょう。
式 50÷38＝1.31
答え 約1.3倍
(2) ゆきやさんの体重は，お母さんの体重の何倍ですか。
式 38÷50＝0.76
答え 0.76倍

5 アンパンを 100円，チョコパンを 120円で買いました。どちらも，もとのねだんの 0.8倍です。もとのねだんは，いくらですか。
(1) アンパン
式 100÷0.8＝125
答え 125円
(2) チョコパン
式 120÷0.8＝150
答え 150円

6 木のかげの長さを測ると 3m60cmでした。この長さは，木の高さの 1.2倍です。木の高さは，何mですか。
式 3.6÷1.2＝3
答え 3m

28　(A3 141%・B4 122%拡大)

児童に実施させる前に，必ず指導される方が問題を解いてください。本書の解答は，あくまでも１つの例です。指導される方の作られた解答をもとに，本書の解答例を参考に児童の多様な考えに寄り添って○つけをお願いします。

P29

知識技能 A　　月　日

合同な図形　　名前

1 三角形㋐と合同な三角形を２つ選んで，□に記号で書きましょう。(5×2)

ウ　オ

2 四角形㋐と合同な四角形を２つ選んで，□に記号で書きましょう。(5×2)

ケ　サ

3 次の２つの四角形は合同です。(5×4)

(1) 頂点Dに対応する頂点はどれですか。　頂点F

(2) 辺の長さや角の大きさを書きましょう。
辺HE 3cm　辺EF 2.4cm
角G 70°

4 次の四角形の中で，対角線を１本ひいてできる三角形が，合同になるものには○を書きましょう。(5×2)

台形　平行四辺形 ○　長方形 ○

5 次の三角形と合同な三角形をかきましょう。(10×3)

(1) 辺の長さが 6cm，5cm，3cm の三角形

(2) １つの辺の長さが 5cm で，その両はしの角の大きさが 60° と 40° の三角形

(3) ２つの辺の長さが 5cm と 3cm で，その間の角の大きさが 30° の三角形

6 次の四角形と合同な四角形をかきましょう。(10×2)

(1) 台形

(2) 平行四辺形

P30

思考判断表現 A　　月　日

合同な図形　　名前

1 下の三角形と合同な三角形をかきます。３人は，それぞれもう１つ，どこを測《はか》ればいいですか。□に記号を書きましょう。(10×3)

辺ABの長さ　辺BCの長さ　辺 AC の長さ

辺ABの長さ　辺ACの長さ　角 A の大きさ

辺BCの長さ　角Bの大きさ　角 C の大きさ

2 下の四角形と合同な四角形をかきます。かき方の説明について，□にあてはまる言葉を書きましょう。(5×4)

まず，正三角形 ABC をかきます。
次に，コンパスを使って頂点 A から半径 2cm，頂点 C から半径 3cm の円をかいて，２つの円の交点を頂点 D にします。
頂点Dへ，頂点Aと頂点Cから直線をひきます。

3 下の三角形と合同な２まいの三角形を合わせてできる図形の名前を書きましょう。(10×3)

(1) 辺BCと対応する辺を合わせてできる四角形
答え 正方形

(2) 辺ABと対応する辺を合わせてできる三角形
答え 直角二等辺三角形

(3) 辺ABと対応する辺を合わせてできる四角形
答え 平行四辺形

4 下の同じ角度がある２つの三角形について答えましょう。(10×2)

(1) ２つの三角形は合同といえますか。
（ いえる ・ (いえない) ）

(2) (1)で答えた理由を説明しましょう。

角の大きさはすべて等しいが，対応する辺の長さが等しいかは分からないから。

P31

知識技能 B　　月　日

合同な図形　　名前

1 ㋐，㋑，㋒と合同な図形をそれぞれ２つずつ選んで，□に記号を書きましょう。(4×6)

㋐ キ サ　㋑ エ ス　㋒ ケ シ

2 次の２つの四角形は合同です。(4×6)

(1) 頂点C，Dに対応する頂点はどれですか。
頂点C 頂点F　頂点D 頂点E

(2) 次の辺の長さや角度を書きましょう。
辺HE 3cm　辺HG 5cm
角G 60°　角H 80°

3 次の四角形に対角線をひいてできる，合同な三角形はどれですか。(4×3)

長方形　三角形AOB　三角形DOC(COD)

ひし形　三角形HEF　三角形HGF(FGH)

平行四辺形　三角形LOK　三角形JOI

4 次の三角形と合同な三角形をかきましょう。(8×3)

(1) １辺の長さが 3.5cm の正三角形

(2) １つの辺の長さが 5cm で，その両はしの角の大きさが 50° の二等辺三角形

(3) ２つの辺の長さが 5cm と 2cm で，その間の角の大きさが 45° の三角形

5 次の四角形と合同な四角形をかきましょう。(8×2)

(1) 平行四辺形

(2) ひし形

P32

思考判断表現 B　　月　日

合同な図形　　名前

1 下の三角形と合同な三角形をかきます。３人は，それぞれあと２つ，どこを測《はか》ればいいですか。□に記号を書きましょう。(5×6)

辺 AB の長さ　辺 BC の長さ　角Bの大きさ

辺ABの長さ　辺 BC の長さ　辺 AC の長さ

辺BCの長さ　角 B の大きさ　角 C の大きさ

2 辺や角が１つ分かれば，合同な三角形や四角形がかけます。どの辺や角か，□に書きましょう。(5×4)

(1) 正三角形
1辺の長さ

(2) 二等辺三角形
辺BCの長さ　または，角Aの大きさ
※どちらかが書けていれば正解

(3) ひし形
1辺の長さ

(4) 平行四辺形
辺ABの長さ　または，辺DCの長さ
※どちらかが書けていれば正解

3 下の合同な２まいの三角形を合わせて，できる形をかきましょう。(5×4)

(1) 辺ACと対応する辺を合わせてできる三角形
答え 正三角形

(2) 辺ACと対応する辺を合わせてできる四角形
答え 平行四辺形

(3) 辺ABと対応する辺を合わせてできる三角形
答え 二等辺三角形

(4) 辺ABと対応する辺を合わせてできる四角形
答え 平行四辺形

4 下の三角形や四角形と，合同な図形はかけますか。そう答えた理由も書きましょう。(5×6)

(1) （ かける ・ (かけない) ）
理由 辺の長さが決まらないと，大きさが決まらないから。

(2) 平行四辺形
（ (かける) ・ かけない ）
理由 三角形ABCをかくことができ，頂点Dを決めることができるから。

(3) （ かける ・ (かけない) ）
理由 辺ACの長さか，角Bの大きさが分からないと，頂点Aが決まらないから。

P33

学習準備　　月　日

図形の角　　名前

1 三角定規《じょうぎ》の㋐〜㋕の角度を書きましょう。(5×6)

㋐ 45°　㋑ 90°　㋒ 45°

㋓ 30°　㋔ 60°　㋕ 90°

2 次の角度を書きましょう。(15×2)

(1) 正三角形　㋐ 60°

(2) 二等辺三角形　㋑ 75°

3 三角定規を使ってできる角度を書きましょう。(5×8)

(1)

㋐ 式 30+45=75　答え 75°

㋑ 式 180−45=135　答え 135°

(2)

㋒ 式 45−30=15　答え 15°

㋓ 360−(45+90)=225　答え 225°

P34

知識技能 A　　月　日

図形の角　　名前

1 □にあてはまる言葉や数字を，下から選んで書きましょう。(5×4)

(1) 三角形，四角形のように直線だけで囲《かこ》まれた図形を 多角形 といいます。

(2) 三角形は，どんな三角形でも３つの角の和は 180 度です。

(3) 四角形は，どんな四角形でも４つの角の和は 360 度です。

(4) 多角形のとなり合わない頂点《ちょうてん》を結んだ直線を 対角線 といいます。

数直線・対角線・多角形
90・180・360・500

2 ゆずはさんは，下の図のようにして四角形の４つの角の和を調べました。□にあてはまる数を書きましょう。(5×4)

四角形の中に点をとり，
４つの三角形に分けました。
三角形４つ分の角の大きさは，
180 °×4= 720 °
中の点にある角をひきます。
720 °−360= 360 °

3 あ〜かの角の大きさを，式に書いて求めましょう。(5×12)

(1) 180−(85+55)=40　答え 40°

(2) 二等辺三角形
180−80=100
100÷2=50　答え 50°

(3) 45+72=117　答え 117°

(4) 式 360−(130+80+50)=100　答え 100°

(5) 360−(90+60+140)=70
180−70=110　答え 110°

(6) 平行四辺形
360÷2=180
180−55=125　答え 125°

P35

思考判断表現 A　　月　日

図形の角　　名前

1 たつやさんとるみさんは，五角形の角の大きさの和の求め方を考えて，五角形に対角線をひきました。それぞれの考え方にあてはまる式を，下から選んで記号を書きましょう。(10×2)

たつや イ　るみ エ

㋐ 180°×4−360°
㋑ 180°+360°
㋒ 180°×3−180°
㋓ 180°×3

2 1のるみさんと同じようにして，六角形の角の大きさを求めます。式に書いて，六角形の角の大きさを求めましょう。(10×2)

式 180×4=720　答え 720°

3 あ〜うの角の大きさを，式に書いて求めましょう。(10×6)

(1)

あ 360−(80+120+75)=85
180−85=95　答え 95°

い 式 180−95−30=55　答え 55°

(2) 三角定規２まいを組み合わせてできる角

う 式 360−(90+60+45)=165　答え 165°

P36

知識技能 B　　月　日

図形の角　　名前

1 □にあてはまる言葉や数字を書きましょう。(4×5)

(1) 三角形は，どんな三角形でも３つの角の和は 180 度です。

(2) 四角形は，どんな四角形でも４つの角の和は 360 度です。

(3) 三角形，四角形のように直線だけで囲まれた図形を 多角形 といいます。６本の直線で囲まれた図形は 六角形 といいます。

(4) 多角形のとなり合わない頂点を結んだ直線を 対角線 といいます。

2 下の図のようにして，五角形の５つの角の和を調べました。□にあてはまる数を書きましょう。(4×4)

上の図のように１つの頂点から対角線をひくと，三角形が 3 つできるので，
五角形の角の和を求める式は，
180 °× 3 となり，
五角形の５つの角の和は 540 °となる。

3 あ〜くの角の大きさを，式に書いて求めましょう。(4×16)

(1) 180−(30+105)
=45　答え 45°

(2) 40+75=115　答え 115°

(3) 二等辺三角形
180−50×2=80　答え 80°

(4) 180−110=70
180−(70+60)=50　答え 50°

(5) 360−(100+105+65)
=90　答え 90°

(6) 平行四辺形
〈解答例〉
180−72=108　答え 108°

(7) ひし形
〈解答例〉
(180−120)÷2=30　答え 30°
180−60=120　答え 120°

P37

思考判断表現 B　　月　日

図形の角　　名前

1 六角形の角の和を求めるために，右の図のように対角線をひいて考えました。(5×8)

(1) 六角形の角の和を求めた式と答えを書きましょう。

式 180×4=720　答え 720°

(2) 上の六角形のように，七角形や八角形の角の和を求めます。図に対角線をひき三角形に分けて，式と答えを書きましょう。

㋐ 七角形　式 180×5=900　答え 900°

㋑ 八角形　式 180×6=1080　答え 1080°

2 六角形の角の和を，下の方法で求めました。①〜④の式に合う図を，下のあ〜えから選んで，□に記号を書きましょう。(5×4)

① 360°×2　い
② 180°×2+360°　え
③ 180°×5−180°　う
④ 180°×6−360°　あ

3 あ〜えの角の大きさを，式に書いて求めましょう。(5×8)

(1) 三角定規２まいを組み合わせてできる角

あ 式 360−(90+45+60)
=165　答え 165°

(2) 三角定規２まいを組み合わせてできる角

い 式 180−(45+30)=105　答え 105°

う 式 180−105=75
180−75−45=60　答え 60°

(3)

〈解答例〉
360−(60+25+30)=245
360−245=115　答え 115°

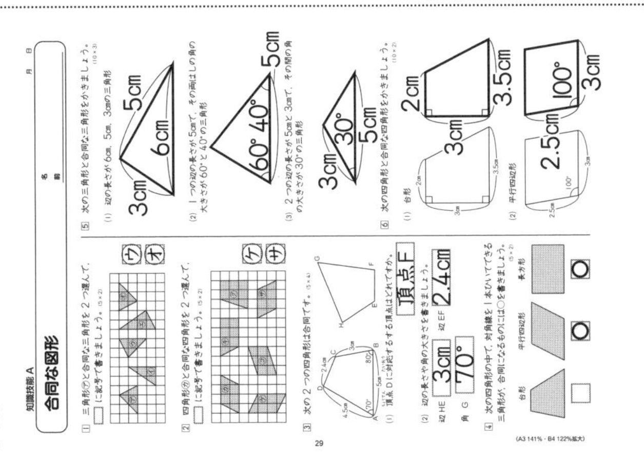

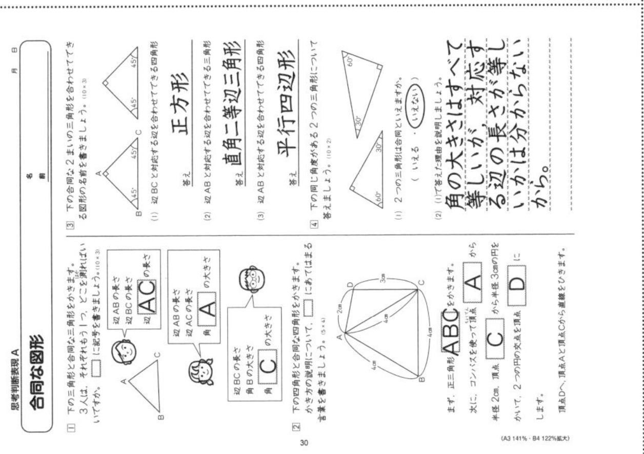

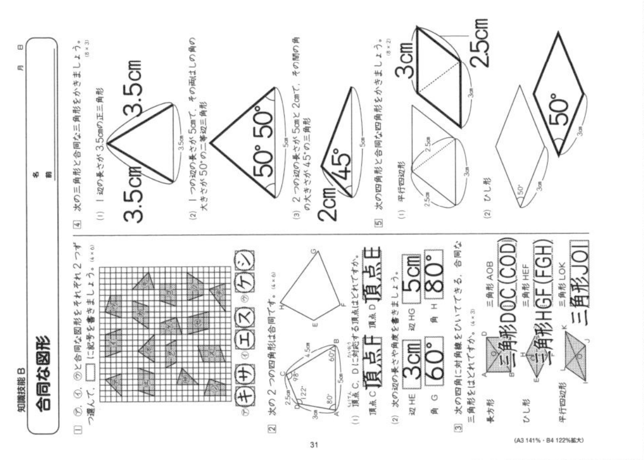

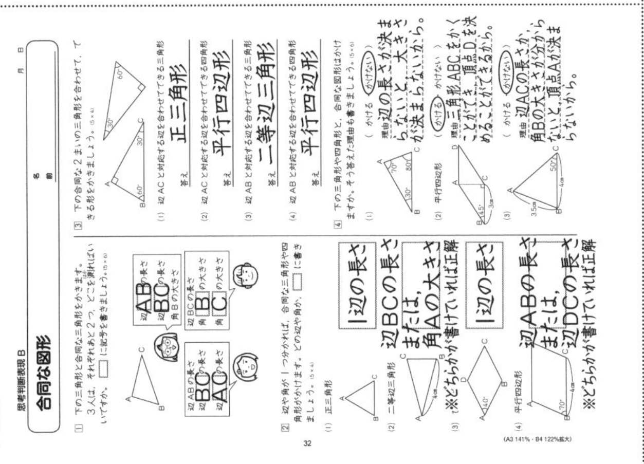

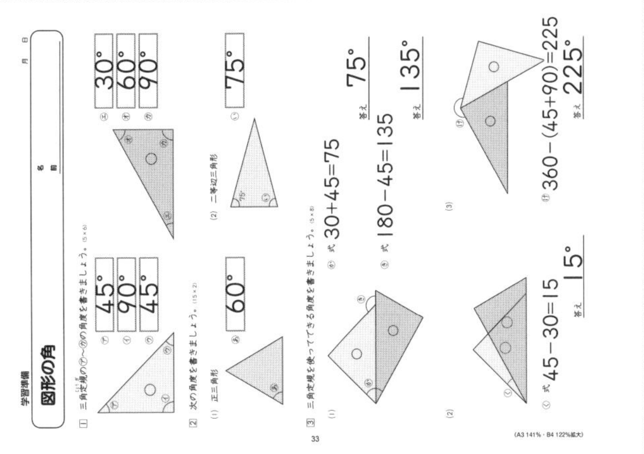

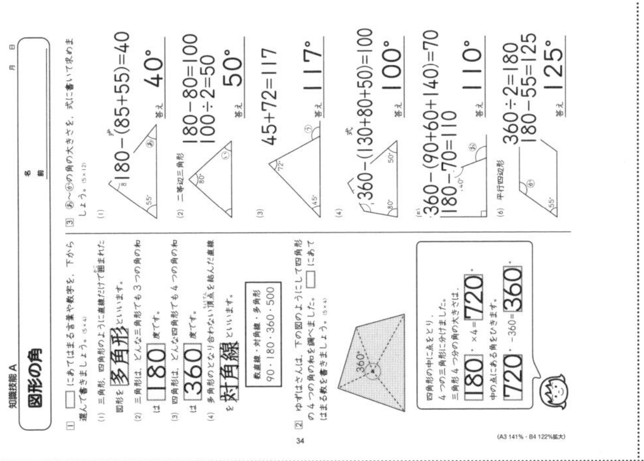

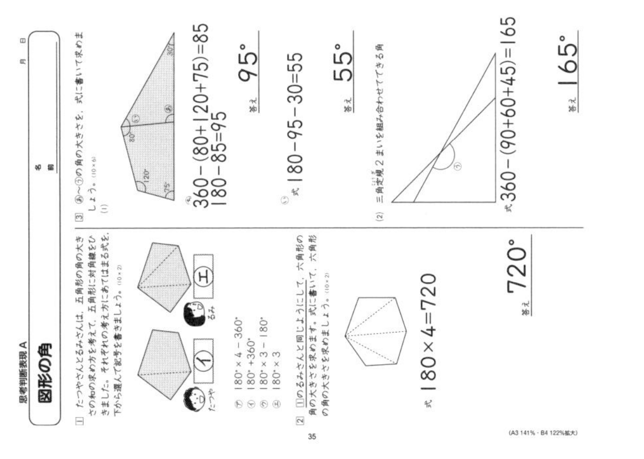

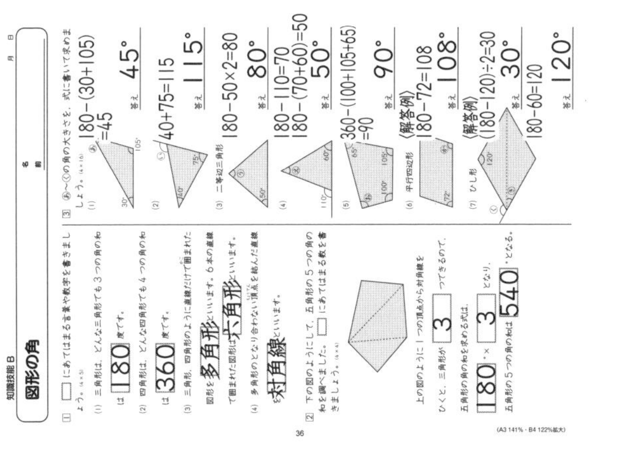

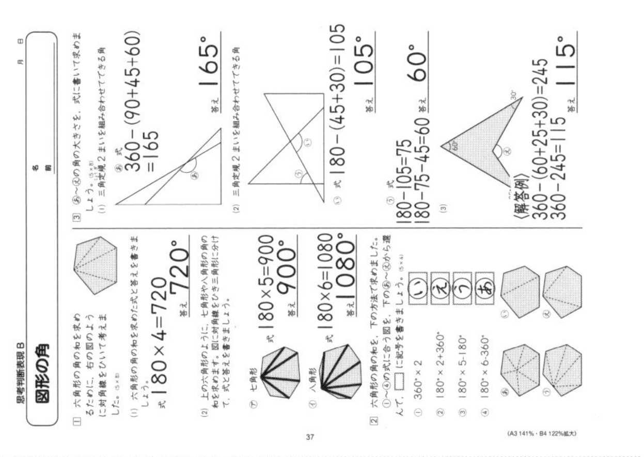

解答　児童に実施させる前に，必ず指導される方が問題を解いてください。本書の解答は，あくまでも１つの例です。指導される方の作られた解答をもとに，本書の解答例を参考に児童の多様な考えに寄り添って○つけをお願いします。

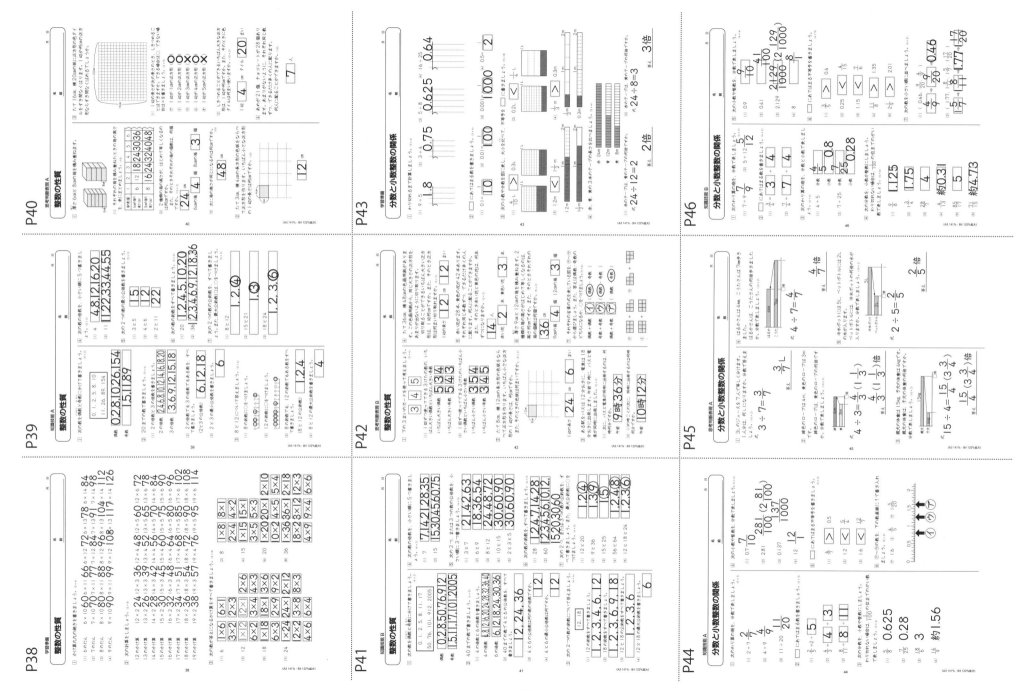

P38
学習準備
整数の性質

1 かけ算九九の続きを書きましょう。
(1) 6のだん　6×10 60　6×11 66　6×12 72　6×13 78　6×14 84
(2) 7のだん　7×10 70　7×11 77　7×12 84　7×13 91　7×14 98
(3) 8のだん　8×10 80　8×11 88　8×12 96　8×13 104　8×14 112
(4) 9のだん　9×10 90　9×11 99　9×12 108　9×13 117　9×14 126

2 次の計算をしましょう。
12のかけ算　12×2 24　12×3 36　12×4 48　12×5 60　12×6 72
13のかけ算　13×2 26　13×3 39　13×4 52　13×5 65　13×6 78
14のかけ算　14×2 28　14×3 42　14×4 56　14×5 70　14×6 84
15のかけ算　15×2 30　15×3 45　15×4 60　15×5 75　15×6 90
16のかけ算　16×2 32　16×3 48　16×4 64　16×5 80　16×6 96
17のかけ算　17×2 34　17×3 51　17×4 68　17×5 85　17×6 102
18のかけ算　18×2 36　18×3 54　18×4 72　18×5 90　18×6 108
19のかけ算　19×2 38　19×3 57　19×4 76　19×5 95　19×6 114

3 次の数が答えになるかけ算をすべて書きましょう。
(1) 6　1×6　6×1　3×2　2×3
(2) 8　1×8　8×1　2×4　4×2
(3) 12　1×12　12×1　2×6　6×2　3×4　4×3
(4) 15　1×15　15×1　3×5　5×3
(5) 18　1×18　18×1　2×9　9×2　3×6　6×3
(6) 20　1×20　20×1　2×10　10×2　4×5　5×4
(7) 24　1×24　24×1　2×12　12×2　3×8　8×3　4×6　6×4
(8) 36　1×36　36×1　2×18　18×2　3×12　12×3　4×9　9×4　6×6

38

P39
知識技能 A
整数の性質

1 次の数を偶数と奇数に分けて書きましょう。
0, 1, 2, 5, 8, 10, 11, 26, 89, 154
偶数　0, 2, 8, 10, 26, 154
奇数　1, 5, 11, 89

2 20までの数で書きましょう。
(1) 2の倍数　2, 4, 6, 8, 10, 12, 14, 16, 18, 20
3の倍数　3, 6, 9, 12, 15, 18
(2) 2の倍数でも3の倍数でもある数を，すべて書きましょう。　6, 12, 18
(3) 2と3の最小公倍数　6

3 8と12について答えましょう。
(1) 8の約数
(2) 12の約数
(3) 8の約数でも，12の約数でもある数　1, 2, 4
(4) 8と12の最大公約数　4

4 次の数の倍数を，小さい順に5つ書きましょう。
(1) 4　4, 8, 12, 16, 20
(2) 11　11, 22, 33, 44, 55

5 次の2つの数の最小公倍数を書きましょう。
(1) 3と5　15
(2) 4と6　12
(3) 2と11　22

6 次の数の約数をすべて書きましょう。
(1) 20　1, 2, 4, 5, 10, 20
(2) 36　1, 2, 3, 4, 6, 9, 12, 18, 36

7 次の2つの数の公約数を，すべて書きましょう。また，最大公約数には○をつけましょう。
(1) 8と12　1, 2, ④
(2) 15と21　1, ③
(3) 18と24　1, 2, 3, ⑥

39

P40
思考判断表現 A
整数の性質

1 厚さ6cmと8cmの箱を積み重ねます。
(1) それぞれの箱を積み重ねたときの箱の高さを，表にまとめましょう。

箱の数	1	2	3	4	5	6
6cmの箱の高さ(cm)	6	12	18	24	30	36
8cmの箱の高さ(cm)	8	16	24	32	40	48

(2) 2種類の箱の高さが，はじめて等しくなるのは何cmですか。また，そのときそれぞれの箱の個数は何個ですか。
24 cm　6cmの箱 4 個　8cmの箱 3 個
(3) 次に箱の高さが同じになるのは何cmですか。　48 cm

2 たて3cm，横4cmの長方形の色板をならべて正方形を作ります。いちばん小さな正方形の1辺の長さは何cmですか。　12 cm

3 たて16cm，横20cmの板に正方形のタイルをすき間なくはります。1辺が何cmの正方形ならすき間なくはれるでしょう。
(1) 1辺の長さが次の長さのとき，しきつめることはできますか。できる場合は○，できない場合は×を書きましょう。
㋐ 1辺が1cmの正方形 ○
㋑ 1辺が2cmの正方形 ○
㋒ 1辺が3cmの正方形 ×
㋓ 1辺が4cmの正方形 ○
㋔ 1辺が5cmの正方形 ×
(2) しきつめることができるいちばん大きな正方形は，1辺が何cmですか。また，そのときに使うタイルは何まいですか。
1辺 4 cm　タイル 20 まい

4 あめが21個，チョコレートが28個あります。あまりがないように，それぞれ同じ数ずつ，できるだけ多くの人に配ります。何人に配ることができますか。　7 人

40

P41
知識技能 B
整数の性質

1 次の数を偶数と奇数に分けて書きましょう。
0, 1, 2, 5, 8, 11, 17, 50, 76, 101, 912, 2005
偶数　0, 2, 8, 50, 76, 912
奇数　1, 5, 11, 17, 101, 2005

2 40までの数で書きましょう。
(1) 4の倍数と6の倍数を書きましょう。
4の倍数　4, 8, 12, 16, 20, 24, 28, 32, 36, 40
6の倍数　6, 12, 18, 24, 30, 36
(2) 40までの数で4と6の公倍数を書きましょう。　12, 24, 36
(3) 4と6の公倍数は何の倍数ですか。　12
(4) 4と6の最小公倍数は何ですか。　12

3 次の2つの数の約数について答えましょう。
(1) 12の約数をすべて書きましょう。　1, 2, 3, 4, 6, 12
(2) 18の約数をすべて書きましょう。　1, 2, 3, 6, 9, 18
(3) 12と18の公約数をすべて書きましょう。　1, 2, 3, 6
(4) 12と18の最大公約数を書きましょう。　6

4 次の数の倍数を，小さい順に5つ書きましょう。
(1) 7　7, 14, 21, 28, 35
(2) 15　15, 30, 45, 60, 75

5 次の2つ，または3つの数の公倍数を，小さい順に3つ書きましょう。
(1) 3と7　21, 42, 63
(2) 6と9　18, 36, 54
(3) 8と12　24, 48, 72
(4) 10と15　30, 60, 90
(5) 2と3と5　30, 60, 90

6 次の数の約数を，すべて書きましょう。
(1) 28　1, 2, 4, 7, 14, 28
(2) 60　1, 2, 3, 4, 5, 6, 10, 12, 15, 20, 30, 60

7 次の2つの数の公約数を，すべて書きましょう。また，最大公約数に○をつけましょう。
(1) 12と20　1, 2, ④
(2) 9と36　1, 3, ⑨
(3) 15と25　1, ⑤
(4) 56と64　1, 2, 4, ⑧
(5) 12と18と24　1, 2, 3, ⑥

41

P42
思考判断表現 B
整数の性質

1 下の3まいのカードを使って考えましょう。　3　4　5
(1) 1回ずつ使ってできる3けたの数の，いちばん大きい偶数といちばん大きい奇数　534　543
(2) 1回ずつ使ってできる3けたのいちばん小さい偶数といちばん小さい奇数　354　345

2 たて8cm，横12cmの長方形の色板をならべて正方形を作ります。いちばん小さな正方形の1辺の長さは何cmですか。また，そのときの色板は何まい使いますか。
1辺の長さ 24 cm　6 まい

3 ある駅から，バスは12分おきに，電車は18分おきに出発します。午前9時に，バスと電車が同時に出発しました。
(1) 次に，バスと電車が同時に出発するのは，何時何分ですか。　午前 9時36分
(2) (1)の時刻の次に，同時に出発するのは何時何分ですか。　午前 10時12分

4 たて30cm，横48cmの画用紙があります。この画用紙から，同じ大きさの正方形を，あまりが出ないように切り取ります。いちばん大きい正方形は1辺何cmですか。また，そのとき正方形は何まい切り取れますか。
1辺の長さ 12 cm　12 まい

5 赤い花が28本，黄色の花が42本あります。それぞれ同じ本数ずつ，できるだけ多くの人に配ります。何人に配ることができますか。また，そのとき1人に配る赤い花と黄色の花は，何本ずつになりますか。
14 人　赤い花 2 本　黄色い花 3 本

6 厚さ9cmと12cmの箱を積み重ねます。2種類の箱の高さがはじめて等しくなるのは何cmですか。また，そのときそれぞれの箱の個数は何個ですか。
36 cm　9cmの箱 4 個　12cmの箱 3 個

7 それぞれの言葉の式を表している図を㋐〜㋒から選びましょう。また，答えは偶数，奇数のどちらになるか，○をつけましょう。
偶数＋偶数　㋑（偶数・奇数）
偶数＋奇数　㋒（偶数・奇数）
奇数＋奇数　㋐（偶数・奇数）

42

P43
学習準備
分数と小数整数の関係

1 わり算をしましょう。
(1) 9÷5　1.8
(2) 3÷4　0.75
(3) 5÷8　0.625
(4) 16÷25　0.64

2 □にあてはまる数を書きましょう。
(1) 0.1＝$\frac{1}{10}$
(2) 0.01＝$\frac{1}{100}$
(3) 0.001＝$\frac{1}{1000}$
(4) 0.5＝$\frac{1}{2}$

3 次の小数や分数を図に表し，大小を比べて，不等号を□に書きましょう。
(1) $\frac{4}{10}$ ＞ 0.3L
(2) 0.2L ＜ $\frac{1}{4}$ L
(3) 1.2m ＜ $1\frac{1}{2}$ m
(4) $\frac{1}{3}$ m ＞ 0.3m

4 赤，青，黄の3本のテープの長さを比べましょう。
赤 24m　青 12m　黄 8m
(1) 赤のテープは，青のテープの何倍ですか。
式 24÷12＝2　答え 2倍
(2) 赤のテープは，黄のテープの何倍ですか。
式 24÷8＝3　答え 3倍

43

P44
知識技能 A
分数と小数整数の関係

1 次のわり算の商を，分数で表しましょう。
(1) 2÷7　$\frac{2}{7}$
(2) 4÷9　$\frac{4}{9}$
(3) 11÷20　$\frac{11}{20}$

2 □にあてはまる数を書きましょう。
(1) $\frac{2}{5}$＝2÷5
(2) $\frac{4}{3}$＝4÷3
(3) $\frac{8}{11}$＝8÷11

3 次の分数を，小数や整数にしましょう。わり切れない場合は，$\frac{1}{100}$の位までのがい数で表しましょう。
(1) $\frac{5}{8}$　0.625
(2) $\frac{7}{25}$　0.28
(3) $\frac{18}{6}$　3
(4) $\frac{14}{9}$　約1.56

4 次の小数や整数を，分数で表しましょう。
(1) 0.7　$\frac{7}{10}$
(2) 2.81　$\frac{281}{100}$（$2\frac{81}{100}$）
(3) 0.137　$\frac{137}{1000}$
(4) 12　$\frac{12}{1}$

5 □にあてはまる不等号を書きましょう。
(1) $\frac{4}{7}$ ＞ 0.5
(2) 1.2 ＜ $\frac{5}{4}$
(3) 1.6 ＜ $\frac{12}{7}$

6 ㋐〜㋒の数を，下の数直線に↑で書き入れましょう。
㋐ 1.6　㋑ $\frac{4}{5}$　㋒ $1\frac{5}{20}$

44

P45
思考判断表現 A
分数と小数整数の関係

1 3Lのジュースを7人で等しく分けます。1人分は，何Lになりますか。分数で表しましょう。
式 3÷7＝$\frac{3}{7}$　答え $\frac{3}{7}$ L

2 緑色のロープは4m，黄色のロープは3mです。緑色のロープは，黄色のロープの何倍ですか。分数で表しましょう。
式 4÷3＝$\frac{4}{3}$（$1\frac{1}{3}$）　答え $\frac{4}{3}$（$1\frac{1}{3}$）倍

3 柴犬の体重は15kg，子犬の体重は4kgです。柴犬の体重は，子犬の体重の何倍ですか。分数で表しましょう。
式 15÷4＝$\frac{15}{4}$（$3\frac{3}{4}$）　答え $\frac{15}{4}$（$3\frac{3}{4}$）倍

4 はるかさんは4km，こうたさんは7km歩きました。はるかさんは，こうたさんの何倍歩きましたか。分数で表しましょう。
式 4÷7＝$\frac{4}{7}$　答え $\frac{4}{7}$ 倍

5 冷水ポットには5L，ペットボトルには2Lの水が入ります。ペットボトルには，冷水ポットの何倍の水が入りますか。分数で表しましょう。
式 2÷5＝$\frac{2}{5}$　答え $\frac{2}{5}$ 倍

45

P46
知識技能 B
分数と小数整数の関係

1 次のわり算の商を，分数で表しましょう。
(1) 7÷9　$\frac{7}{9}$
(2) 5÷12　$\frac{5}{12}$

2 □にあてはまる数を書きましょう。
(1) $\frac{3}{4}$＝3÷4
(2) $\frac{7}{4}$＝7÷4

3 次の商を，分数と小数で表しましょう。
(1) 4÷5　分数 $\frac{4}{5}$　小数 0.8
(2) 7÷25　分数 $\frac{7}{25}$　小数 0.28

4 次の分数を，小数や整数にしましょう。わり切れない場合は，$\frac{1}{100}$の位までのがい数で表しましょう。
(1) $\frac{9}{8}$　1.125
(2) $1\frac{3}{4}$　1.75
(3) $\frac{28}{7}$　4
(4) $\frac{4}{13}$　約0.31
(5) $\frac{85}{17}$　5
(6) $\frac{71}{15}$　約4.73

5 次の小数や整数を，分数で表しましょう。
(1) 0.9　$\frac{9}{10}$
(2) 0.41　$\frac{41}{100}$
(3) 2.129　$\frac{2129}{1000}$（$2\frac{129}{1000}$）
(4) 8　$\frac{8}{1}$

6 □にあてはまる不等号を書きましょう。
(1) $\frac{3}{5}$ ＞ 0.4
(2) 0.25 ＜ $\frac{4}{15}$
(3) 1.15 ＜ $\frac{7}{6}$
(4) $\frac{11}{8}$ ＞ 1.35
(5) $2\frac{1}{9}$ ＞ 2.01

7 次の数を小さい順に並べましょう。
(1) 0.46，$\frac{9}{20}$，$\frac{4}{9}$　→　$\frac{4}{9}$ → $\frac{9}{20}$ → 0.46
(2) 1.77，$1\frac{5}{7}$，$1\frac{17}{20}$　→　$1\frac{5}{7}$ → $1\frac{8}{11}$ → 1.77 → $1\frac{17}{20}$

46

児童に実施させる前に，必ず指導される方が問題を解いてください。本書の解答は，あくまでも１つの例です。指導される方の作られた解答をもとに，本書の解答例を参考に児童の多様な考えに寄り添って○つけをお願いします。

P47

思考判断表現 B　月　日

分数と小数整数の関係

名前

1 4L のジュースを７人で等しく分けます。１人分は，何 L になりますか。分数で表しましょう。(5×2)
式 $4 \div 7 = \frac{4}{7}$　答え $\frac{4}{7}$L

2 11m のテープを３等分しました。１本分の長さは，何 m ですか。分数で表しましょう。(5×2)
式 $11 \div 3 = \frac{11}{3}\ (3\frac{2}{3})$　答え $\frac{11}{3}\ (3\frac{2}{3})$m

3 コップに 2dL，ペットボトルに 3dL，ビンには 7dL 水が入っています。(5×6)
(1) ペットボトルには，コップの何倍の水が入っていますか。分数で表しましょう。
式 $3 \div 2 = \frac{3}{2}\ (1\frac{1}{2})$　答え $\frac{3}{2}\ (1\frac{1}{2})$倍
(2) コップには，ペットボトルの何倍の水が入っていますか。分数で表しましょう。
式 $2 \div 3 = \frac{2}{3}$　答え $\frac{2}{3}$倍
(3) びんにはコップの何倍の水が入っていますか。分数で表しましょう。
式 $7 \div 2 = \frac{7}{2}\ (3\frac{1}{2})$　答え $\frac{7}{2}\ (3\frac{1}{2})$倍

4 クワガタムシの体長は 11cm です。ヘラクレスオオカブトの体長は 18cm です。(5×4)
(1) ヘラクレスオオカブトは，クワガタムシの何倍ですか。分数で表しましょう。
式 $18 \div 11 = \frac{18}{11}\ (1\frac{7}{11})$　答え $\frac{18}{11}\ (1\frac{7}{11})$倍
(2) クワガタムシの体長は，ヘラクレスオオカブトの何倍ですか。分数で表しましょう。
式 $11 \div 18 = \frac{11}{18}$　答え $\frac{11}{18}$倍

5 るなさんと，こうきさんと，あさひさんの家から駅までの道のりは，右の表のようになっています。(5×6)

	道のり(km)
るな	3
こうき	4
あさひ	5

(1) あさひさんの家から駅までの道のりは，るなさんの何倍ですか。分数で表しましょう。
式 $5 \div 3 = \frac{5}{3}\ (1\frac{2}{3})$　答え $\frac{5}{3}\ (1\frac{2}{3})$倍
(2) こうきさんの家から駅までの道のりは，るなさんの何倍ですか。分数で表しましょう。
式 $4 \div 3 = \frac{4}{3}\ (1\frac{1}{3})$　答え $\frac{4}{3}\ (1\frac{1}{3})$倍
(3) こうきさんの家からの駅までの道のりは，あさひさんの何倍ですか。分数で表しましょう。
式 $4 \div 5 = \frac{4}{5}$　答え $\frac{4}{5}$倍

47　(A3 141%・B4 122%拡大)

P48

学習準備　月　日

分数のたし算ひき算

名前

1 帯分数《たいぶんすう》を仮分数《かぶんすう》にしましょう。(5×4)
(1) $1\frac{3}{5}$　$\frac{8}{5}$　(2) $2\frac{3}{4}$　$\frac{11}{4}$　(3) $4\frac{2}{7}$　$\frac{30}{7}$　(4) $5\frac{1}{3}$　$\frac{16}{3}$

2 仮分数を帯分数にしましょう。(5×4)
(1) $\frac{5}{3}$　$1\frac{2}{3}$　(2) $\frac{25}{9}$　$2\frac{7}{9}$　(3) $\frac{13}{2}$　$6\frac{1}{2}$　(4) $\frac{35}{6}$　$5\frac{5}{6}$

3 たし算をしましょう。(5×4)
(1) $\frac{2}{7}+\frac{3}{7}$　$\frac{5}{7}$　(2) $\frac{5}{9}+\frac{4}{9}$　1
(3) $1\frac{3}{4}+\frac{3}{4}$　$2\frac{1}{2}$　(4) $\frac{2}{3}+2\frac{2}{3}$　$3\frac{1}{3}$

4 ひき算をしましょう。(5×4)
(1) $\frac{7}{8}-\frac{4}{8}$　$\frac{3}{8}$　(2) $1-\frac{3}{7}$　$\frac{4}{7}$
(3) $1\frac{2}{9}-\frac{7}{9}$　$\frac{4}{9}$　(4) $3-\frac{5}{6}$　$2\frac{1}{6}$

5 オレンジジュースが $\frac{5}{12}$ L あります。リンゴジュースが $\frac{11}{12}$ L あります。(5×4)
(1) どちらが何 L 多いですか。
式 $\frac{11}{12}-\frac{5}{12}=\frac{1}{2}$　答え リンゴジュースの方が $\frac{1}{2}$ L多い。
(2) 全部で何 L ありますか。
式 $\frac{5}{12}+\frac{11}{12}=\frac{4}{3}\ (1\frac{1}{3})$　答え $\frac{4}{3}\ (1\frac{1}{3})$L

48　(A3 141%・B4 122%拡大)

P49

知識技能 A　月　日

分数のたし算ひき算

名前

1 □にあてはまる数を書きましょう。(5×4)
(1) $\frac{2}{3}=\frac{6}{9}=\frac{16}{24}$
(2) $\frac{3}{4}=\frac{15}{20}=\frac{21}{28}$
(3) $\frac{4}{5}=\frac{8}{10}=\frac{20}{25}$
(4) $\frac{5}{6}=\frac{15}{18}=\frac{25}{30}$

2 次の分数を約分しましょう。(5×4)
(1) $\frac{6}{10}$　$\frac{3}{5}$　(2) $\frac{15}{18}$　$\frac{5}{6}$　(3) $\frac{20}{28}$　$\frac{5}{7}$　(4) $3\frac{6}{9}$　$3\frac{2}{3}$

3 次の分数を通分して，大小を比《くら》べ，□に等号や不等号を書きましょう。(5×4)
(1) $\frac{2}{3}$ > $\frac{3}{5}$
(2) $\frac{6}{8}$ < $\frac{5}{6}$
(3) $\frac{6}{7}$ = $\frac{24}{28}$
(4) $\frac{13}{18}$ < $\frac{3}{4}$

4 次の計算をしましょう。(5×8)
(1) $\frac{2}{3}+\frac{1}{4}$　$\frac{11}{12}$
(2) $\frac{1}{3}+\frac{5}{9}$　$\frac{8}{9}$
(3) $\frac{5}{6}+\frac{4}{9}$　$\frac{23}{18}\ (1\frac{5}{18})$
(4) $1\frac{2}{3}+\frac{5}{6}$　$2\frac{1}{2}\ (\frac{5}{2})$
(5) $\frac{1}{2}-\frac{2}{5}$　$\frac{1}{10}$
(6) $\frac{4}{7}-\frac{3}{14}$　$\frac{5}{14}$
(7) $1\frac{3}{5}-\frac{1}{10}$　$1\frac{1}{2}\ (\frac{3}{2})$
(8) $1\frac{1}{9}-\frac{5}{6}$　$\frac{5}{18}$

49　(A3 141%・B4 122%拡大)

P50

思考判断表現 A　月　日

分数のたし算ひき算

名前

1 ジュースが $\frac{3}{5}$ L ありました。$\frac{1}{4}$ L 飲むと，残りは何 L になりますか。(10×2)
式 $\frac{3}{5}-\frac{1}{4}=\frac{7}{20}$　答え $\frac{7}{20}$L

2 リボンを姉は $\frac{5}{6}$m，弟は $\frac{2}{3}$m もっています。(10×4)
(1) どちらが何 m 長いですか。
式 $\frac{5}{6}-\frac{2}{3}=\frac{1}{6}$　答え 姉の方が $\frac{1}{6}$ m長い。
(2) ２人のリボンをつなぐと，何 m になりますか。
式 $\frac{5}{6}+\frac{2}{3}=\frac{3}{2}\ (1\frac{1}{2})$　答え $\frac{3}{2}\ (1\frac{1}{2})$m

3 $\frac{3}{8}$kg の箱にみかんを入れて重さを量ると，$4\frac{1}{3}$kg ありました。入れたみかんは，何 kg でしたか。(10×2)
式 $4\frac{1}{3}-\frac{3}{8}=\frac{95}{24}\ (3\frac{23}{24})$　答え $\frac{95}{24}\ (3\frac{23}{24})$ kg

4 山登りの目的地まで $5\frac{1}{2}$km を歩きます。あと $\frac{3}{4}$km のところまできました。何 km 歩きましたか。(10×2)
式 $5\frac{1}{2}-\frac{3}{4}=\frac{19}{4}\ (4\frac{3}{4})$　答え $\frac{19}{4}\ (4\frac{3}{4})$km

50　(A3 141%・B4 122%拡大)

P51

知識技能 B　月　日

分数のたし算ひき算

名前

1 □にあてはまる数を書きましょう。(4×3)
(1) $\frac{3}{4}=\frac{6}{8}=\frac{15}{20}$
(2) $\frac{5}{6}=\frac{15}{18}=\frac{20}{24}$
(3) $\frac{3}{4}=\frac{9}{12}=\frac{12}{16}$

2 同じ大きさの分数をすべて選んで，○をつけましょう。(4×2)
(1) $\frac{3}{7}$　$\frac{8}{14}$　(○$\frac{9}{21}$)　$\frac{15}{42}$　(○$\frac{21}{49}$)　$\frac{24}{63}$
(2) $\frac{7}{8}$　$\frac{12}{16}$　$\frac{21}{32}$　(○$\frac{42}{48}$)　$\frac{63}{80}$　(○$\frac{84}{96}$)

3 次の分数を約分しましょう。(4×4)
(1) $\frac{8}{12}$　$\frac{2}{3}$　(2) $\frac{18}{24}$　$\frac{3}{4}$　(3) $\frac{24}{36}$　$\frac{2}{3}$　(4) $\frac{27}{54}$　$\frac{1}{2}$

4 次の分数を通分して，大小を比《くら》べ，□に不等号を書きましょう。(4×4)
(1) $\frac{3}{4}$ < $\frac{5}{6}$
(2) $\frac{2}{3}$ > $\frac{3}{5}$
(3) $\frac{4}{5}$ < $\frac{6}{7}$
(4) $1\frac{4}{11}$ < $1\frac{3}{8}$

5 次の計算をしましょう。(4×12)
(1) $\frac{2}{5}+\frac{3}{7}$　$\frac{29}{35}$
(2) $\frac{5}{21}+\frac{3}{7}$　$\frac{2}{3}$
(3) $\frac{3}{8}+\frac{1}{6}$　$\frac{13}{24}$
(4) $1\frac{2}{3}+\frac{11}{12}$　$\frac{31}{12}\ (2\frac{7}{12})$
(5) $\frac{5}{8}+1\frac{3}{4}$　$\frac{19}{8}\ (2\frac{3}{8})$
(6) $\frac{2}{9}-\frac{1}{6}$　$\frac{1}{18}$
(7) $\frac{7}{9}-\frac{17}{45}$　$\frac{2}{5}$
(8) $\frac{2}{3}-\frac{2}{9}$　$\frac{4}{9}$
(9) $1\frac{1}{2}-\frac{3}{4}$　$\frac{3}{4}$
(10) $2\frac{1}{5}-\frac{8}{15}$　$\frac{5}{3}\ (1\frac{2}{3})$
(11) $\frac{1}{2}+\frac{2}{3}+\frac{4}{5}$　$\frac{59}{30}\ (1\frac{29}{30})$
(12) $\frac{2}{3}-\frac{5}{12}+\frac{3}{4}$　1

51　(A3 141%・B4 122%拡大)

P52

思考判断表現 B　月　日

分数のたし算ひき算

名前

1 $\frac{1}{3}$ と $\frac{2}{6}$ が等しいことを，図と言葉で説明しましょう。(図10言葉10)
〈解答例〉分母の3を2倍の6にしたら，分子の1も2倍の2になるので等しい。

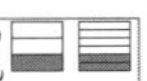

2 牛にゅうが $1\frac{2}{5}$ L ありました。しょうたさんは，朝に $\frac{1}{4}$ L，夕方に $\frac{2}{5}$ L 飲みました。(5×4)
(1) しょうたさんは，合わせて何 L 飲みましたか。
式 $\frac{1}{4}+\frac{2}{5}=\frac{13}{20}$　答え $\frac{13}{20}$L
(2) 牛にゅうは何 L 残っていますか。
式 $1\frac{2}{5}-\frac{13}{20}=\frac{3}{4}$　答え $\frac{3}{4}$L

3 ロープを $2\frac{1}{8}$ m 使ったので，$1\frac{1}{4}$ m になりました。ロープは，はじめに何 m ありましたか。(5×2)
式 $2\frac{1}{8}+1\frac{1}{4}=3\frac{3}{8}$　答え $3\frac{3}{8}\ (\frac{27}{8})$m

4 かごにきゅうりを $\frac{2}{3}$kg，ナスを $\frac{5}{6}$kg のせると，$1\frac{3}{5}$kg になりました。(5×4)
(1) きゅうりとナスを合わせると，何 kg ですか。
式 $\frac{2}{3}+\frac{5}{6}=\frac{3}{2}$　答え $1\frac{1}{2}\ (\frac{3}{2})$kg
(2) かごの重さは，何 kg ですか。
式 $1\frac{3}{5}-1\frac{1}{2}=\frac{1}{10}$　答え $\frac{1}{10}$kg

5 ふみやさんは，１日にゲームをする時間は１時間までと約束しています。今日は，午前中に $\frac{3}{5}$ 時間，午後に $\frac{1}{3}$ 時間しました。今日は，約束を守れたでしょうか。(5)
式 $\frac{3}{5}+\frac{1}{3}=\frac{14}{15}$　答え 守れた。

6 次の計算はまちがっています。まちがっているところを説明して，正しい答えを求めましょう。(説明10正しい答え10)

$\frac{1}{2}+\frac{1}{3}=\frac{2}{5}$

〈解答例〉
・分母もたしているところ。
・通分せずに計算しているところ。など
正しい答え $\frac{5}{6}$

52　(A3 141%・B4 122%拡大)

P53

知識技能 A　月　日

平　均

名前

1 下の表は，１週間でとれたミニトマトの個数です。(5×4)

ミニトマトがとれた個数

曜日	日	月	火	水	木	金	土
個数(個)	6	7	2	4	5	3	8

(1) とれた個数は，全部で何個ですか。
6+7+2+4+5+3+8=35　答え 35個
(2) １日平均《へいきん》何個とれましたか。
式 35÷7=5　答え 5個

2 ３種類のジュースがあります。(5×4)

3種類のジュース

種類	量(mL)
オレンジ	450
リンゴ	170
グレープ	280

(1) 全部で何 mL ありますか。
450+170+280=900　答え 900mL
(2) 平均すると何 mL ですか。
式 900÷3=300　答え 300mL

3 １日に借りた本の平均を求めましょう。(5×2)

借りた本のさっ数

曜日	月	火	水	木	金
本の数(さつ)	5	7	4	5	8

(5+7+4+5+8)÷5=5.8　答え 5.8さつ

4 たまごの平均の重さを求めましょう。(5×2)

たまごの重さ(g)

65	67	62	64

式 (65+67+62+64)÷4=64.5　答え 64.5g

5 ある小学校の１週間の欠席者の平均を求めましょう。(5×2)

１週間の欠席者数

曜日	月	火	水	木	金
人数(人)	5	0	2	1	3

(5+0+2+1+3)÷5=2.2　答え 2.2人

6 さつきさんが，４日間走ったきょりの平均を求めましょう。(5×2)

走ったきょり(km)

2.4	3.3	2.9	3.8

(2.4+3.3+2.9+3.8)÷4=3.1　答え 3.1km

7 みかん１個平均の重さは 120g です。みかん 25 個の重さは何 kg になると考えられますか。(5×2)
式 120×25=3000　3000g=3kg　答え 3kg

8 みずきさんの１歩は，平均 55cm です。300 歩では約何 m になると考えられますか。(5×2)
式 55×300=16500　16500cm=165m　答え 約165m

53　(A3 141%・B4 122%拡大)

P54

思考判断表現 A　月　日

平　均

名前

1 リンゴ４個の平均《へいきん》の重さは 270g でした。(10×2)

リンゴの重さ(g)

あ	い	う	え
275	245	310	

えのリンゴの重さは，何 g でしょうか。
式 270×4=1080　1080−(275+245+310)=250　答え 250g

2 テストの結果について，グループ別に平均点を求めました。Aグループは５人で，平均点は 92 点でした。Bグループは４人で，平均点は 86 点でした。Aグループと Bグループを合わせた平均点は，何点ですか。答えは四捨五入《ししゃごにゅう》をして，上から２けたのがい数で求めましょう。(10×2)
式 92×5=460　86×4=344　(460+344)÷(5+4)=89.3　答え 約89点

3 しゅんやさんは，10 歩歩いたきょりが何 m 何 cm になるかを５回調べました。(10×6)

10歩 歩いたきょり

1回目	2回目	3回目	4回目	5回目
6m32cm	6m45cm	6m49cm	6m48cm	6m50cm

(1) ５回の平均は，約何 cm ですか。上から２けたのがい数で答えましょう。
式 (632+645+649+648+650)÷5=644.8　答え 約640cm
(2) しゅんやさんの１歩は，約何 cm といえますか。
式 640cm÷10=64　答え 約64cm
(3) しゅんやさんが学校の周りを１周歩いてみると，820 歩でした。学校１周は，何 m といえますか。上から２けたのがい数で答えましょう。
式 64×820=52480　52480cm=524.8m　答え 約520m

54　(A3 141%・B4 122%拡大)

P55

知識技能 B　月　日

平　均

名前

1 １日にとれたびわの個数の平均《へいきん》を求めましょう。(5×2)

びわがとれた個数

曜日	日	月	火	水	木	金	土

式 (5+3+8+5+2+4+8)÷7=5　答え 5個

2 みかんの５個の重さの平均を求めましょう。(5×2)
みかん５個の重さ(g)
式 (78+87+84+88+91)÷5=85.6　答え 85.6g

3 欠席者の平均を求めましょう。(5×2)

１週間の欠席者数

曜日	月	火	水	木	金

式 (5+2+2+1+3)÷5=2.6　答え 2.6人

4 下の表は，こうたさんと，ますみさんが魚つりをした結果です。(4×5)

こうたさんがつった魚(cm)

34	45	38	52	43

ますみさんがつった魚(cm)

65	27	40	34

式 (34+45+38+52+43)÷5=42.4　答え 42.4cm
式 (65+27+40+34)÷4=41.5　答え 41.5cm
(3) 平均で比《くら》べると，どちらのつった魚の方が，大きいですか。
答え こうたさん

5 １週間に借りた本の平均を求めましょう。(5×2)

１週間に借りたさっ数

曜日	月	火	水	木	金

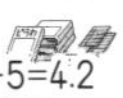

式 (7+0+6+3+5)÷5=4.2　答え 4.2さつ

6 あつしさんは，50m を４回走りました。タイムの平均を求めましょう。(5×2)
50mのタイム(秒)
式 (9.1+8.9+9.3+9.5)÷4=9.2　答え 9.2秒

7 １日平均 18 分読書をします。１週間では約何時間何分ですか。
式 18×7=126　126分=2時間6分　答え 約2時間6分

8 こうきさんとみゆさんは，１歩の歩はばの平均を調べました。(4×5)

１歩の歩はばの平均(cm)

こうき	43
みゆ	46

(1) 式 43×1500=64500　64500cm=645m　答え 約645m
(2) 式 46×1200=55200　55200cm=552m　答え 約552m
(3) どちらが長いきょりを歩きましたか。
答え こうきさん

55　(A3 141%・B4 122%拡大)

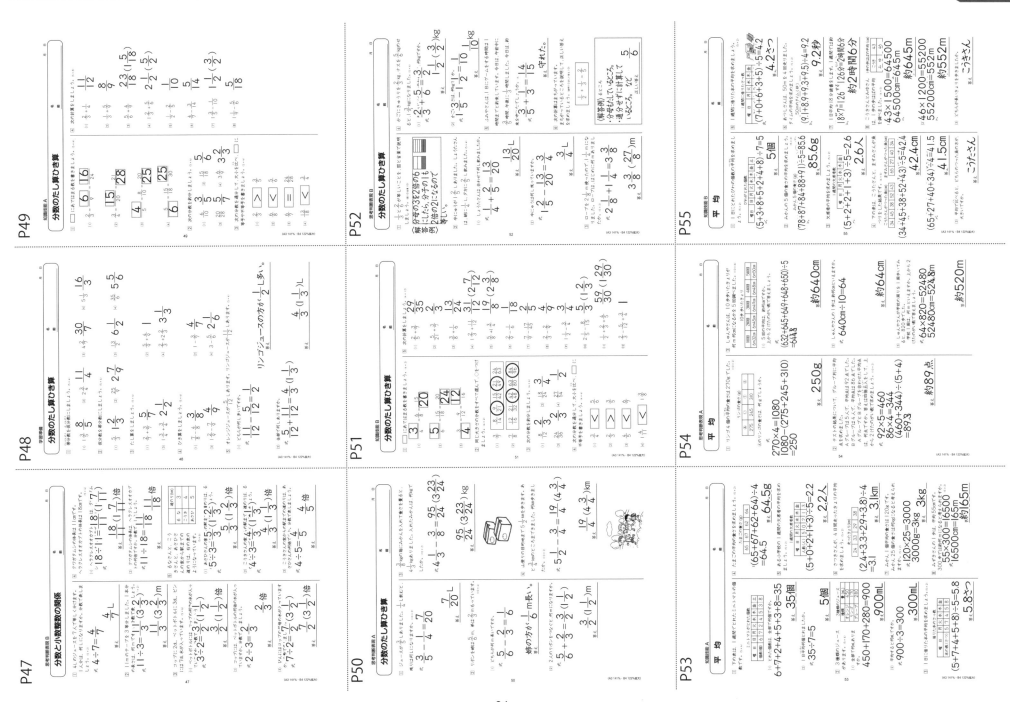

解答

児童に実施させる前に，必ず指導される方が問題を解いてください。本書の解答は，あくまでも１つの例です。指導される方の作られた解答をもとに，本書の解答例を参考に児童の多様な考えに寄り添って○つけをお願いします。

P56

思考判断表現 B

平　均

1 バナナ５本の平均《へいきん》の重さは160gでした。㋔のバナナの重さは何gですか。

バナナの重さ (g)				
㋐	㋑	㋒	㋓	㋔
146	168	158	165	?

160×5=800
800−(146+168+158+165)=163
答え 163g

2 下の表は，４回目までのテストの結果です。５回目に何点以上とれば，平均が90点以上になりますか。

テストの点数（点）

1回目	2回目	3回目	4回目
88	100	85	95

90×5=450　450−(88+100+85+95)=82
答え 82点以上

3 AはんとBはんでゴミひろいをしました。下の表は，Aはん，Bはんの人数と，１人が拾ったゴミの重さの平均です。

	人数	1人平均の重さ(kg)
A	8	1.5
B	10	1.2

(1) 全体で何kgのゴミを拾いましたか。
1.5×8+1.2×10=24
答え 24kg

(2) AはんとBはんを合わせた全体では，１人平均何kgゴミを拾ったことになりますか。上から２けたのがい数で答えましょう。
式 24÷(8+10)=1.33
答え 約1.3kg

4 下の表は，A，B，C，Dの４人の５回の走りはばとびの記録です。

走りはばとびの記録（cm）

	1回目	2回目	3回目	4回目	5回目
Aさん	294	312	290	306	295
Bさん	285	270	310	317	288
Cさん	306	324	313	342	310
Dさん	318	275	306	315	280

(1)
(306+317+342+315)÷4=320
答え 320cm

(2)
(306+324+313+342+310)÷5=319
答え Cさんで319cm

5 右の表は，らいちさんが10歩歩いたときのきょりの記録です。

回	きょり
1	6m37cm
2	6m54cm
3	6m45cm
4	6m30cm
5	6m48cm

(1) ５回の平均は，何cmですか。
(637+654+645+630+648)÷5=642.8
答え 約640cm

(2) らいちさんの１歩は，約何cmですか。
式 640÷10=64
答え 約64cm

(3) 家からコンビニまでは750歩でした。
式 64×750=48000
48000cm=480m
答え 約480m

P57

学習準備

単位量あたり

1 次のわり算をしましょう。
(1) 98÷7　14
(2) 238÷14　17
(3) 14.4÷8　1.8
(4) 3.68÷23　0.16

2 わり切れるまで計算しましょう。
(1) 84÷5　16.8
(2) 156÷24　6.5

3 かけ算をしましょう。
(1) 9.7×6　58.2
(2) 3.7×48　177.6

4 96人の人が，６グループに分かれました。１グループの人数は，何人ですか。
式 96÷6=16
答え 16人

5 同じかんづめ４個の重さは，1.4kgでした。このかんづめ１個の重さは，何gですか。
式 1.4÷4=0.35
0.35kg=350g
答え 350g

6 同じえんぴつを８本買ったら，1000円でした。このえんぴつ１本のねだんは，いくらですか。
式 1000÷8=125
答え 125円

P58

知識技能 A

単位量あたり

1 マットのまい数とそれに乗る人数を決めて，こみぐあいを比べます。

	マット数(まい)	人数(人)
A	2	12
B	3	12
C	3	15

(1) AとBでは，どちらがこんでいますか。　A
(2) BとCでは，どちらがこんでいますか。　C
(3) AとCでは，どちらがこんでいますか。
A　12÷ 2 = 6
Aは，マット１まいあたり 6 人
C　15÷ 3 = 5
Cは，マット１まいあたり 5 人
AとCでは， A の方がこんでいる。
(4) A，B，Cをこんでいる順番にならべましょう。
A ＞ C ＞ B

2 A市とB市の人口と面積を比べます。

	人口(人)	面積(km²)
A市	38000	19
B市	45000	18

(1) 1km²あたりの人数で比べましょう。
A市　38000÷ 19 =2000
B市　45000÷ 18 =2500
1km²あたりの人数が多いのは，どちらですか。　B市
(2) 1km²あたりの人数で表すことを，何といいますか。　人口密度

3 15mで360gのはり金があります。このはり金１mあたりの重さを求めましょう。
式 360÷15=24
答え 24g

4 A車は12Lのガソリンで210km走りました。A車は１Lのガソリンで何km走ったことになりますか。
式 210÷12=17.5
答え 17.5km

5 色画用紙が25まいで1125円でした。色画用紙１まいのねだんはいくらですか。
式 1125÷25=45
答え 45円

6 38m²の畑から57kgの玉ねぎがとれました。1m²あたり何kgの玉ねぎがとれたことになりますか。
式 57÷38=1.5
答え 1.5kg

P59

思考判断表現 A

単位量あたり

1 15mで255gのはり金があります。
(1) このはり金１mあたりの重さは，何gですか。
式 255÷15=17
答え 17g
(2) このはり金40mでは，何gになりますか。
式 17×40=680
答え 680g
(3) このはり金1kgでは，約何mになりますか。小数第一位までのがい数で答えましょう。
式 1000÷17=58.82
答え 約58.8m

2 和紙を買いに行きました。下の表を見て比べましょう。

	まい数(まい)	ねだん(円)
和紙あ	12	900
和紙い	15	1200

(1) １まいのねだんを求めましょう。
和紙あ 式 900÷12=75
答え 75円
和紙い 式 1200÷15=80
答え 80円
(2) １まいあたり，どちらがどれだけ高いですか。
式 80−75=5
答え 和紙いの方が5円高い。

3 ２台の自動車について考えましょう。
A車は，ガソリン18Lで270km走りました。
B車は，ガソリン35Lで560km走りました。
(1) ガソリン１Lあたりで走った道のりを比べましょう。
A車 式 270÷18=15
答え 15km
B車 式 560÷35=16
答え 16km
１Lのガソリンでより長い道のりを走ったのはどちらの自動車ですか。
答え B車
(2) A車はガソリンが25Lあれば，何km走ることができますか。
式 15×25=375
答え 375km
(3) B車が800km走るには，何Lのガソリンが必要ですか。
式 800÷16=50
答え 50L

P60

知識技能 B

単位量あたり

1 マットのまい数とそれにのる人数を決めて，こみぐあいを比べます。

	マット数(まい)	人数(人)
A	4	30
B	5	30
C	5	36

(1) AとBでは，どちらがこんでいますか。　A
(2) BとCでは，どちらがこんでいますか。　C
(3) AとCでは，どちらがこんでいますか。マット１まいあたりの人数で比べましょう。
A　30 ÷ 4 = 7.5
C　36 ÷ 5 = 7.2
AとCでは，どちらがこんでいますか。　A
(4) A，B，Cをこんでいる順番にならべましょう。
A ＞ C ＞ B

2 どちらの電車の方がこんでいますか。

	車両の数(両)	乗っている人(人)
A電車	5	460
B電車	8	720

AとBの１両あたりの人数を求めましょう。
A　460 ÷ 5 = 92
B　720 ÷ 8 = 90
AとBでは，どちらがこんでいますか。　A

3 ２本のはり金を１mあたりの重さで比べましょう。

	長さ(m)	重さ(g)
Aのはり金	8	100
Bのはり金	12	165

A　100 ÷ 8 = 12.5
B　165 ÷ 12 = 13.75
AとBでは，どちらが重いといえますか。　B

4 A市とB市の人口と面積の様子を比べてみましょう。

	面積(km²)	人口(人)
A市	22	45100
B市	26	65000

(1) 1km²あたりの人数で比べましょう。
A市 式 45100÷22=2050
B市 式 65000÷26=2500
1km²あたりの人数が多いのはどちらですか。　B
(2) 1km²あたりの人数のことを何といいますか。　人口密度

5 どちらの田の方が，よくとれたといえますか。

	面積(a)	収かく量(kg)
山田さんの畑	7	455
中村さんの畑	11	704

1a（アール）あたりの収かく量で比べましょう。
山田さん 式 455÷7=65
中村さん 式 704÷11=64
1aあたりの収かく量が多いのは，どちらですか。　山田さん

6 ２本のリボンを，１mあたりのねだんで比べましょう。

	長さ(m)	ねだん(円)
リボンあ	5	620
リボンい	4	560

リボンあ 式 620÷5=124
リボンい 式 560÷4=140
１mあたりのねだんが高いのは，どちらですか。　リボンい

P61

思考判断表現 B

単位量あたり

1 ２台の自動車について考えましょう。
A車は，ガソリン18Lで270km走りました。
B車は，ガソリン22Lで352km走りました。
(1) ガソリン１Lあたりで走った道のりを比べましょう。
A車 式 270÷18=15
答え 15km
B車 式 352÷22=16
答え 16km
１Lのガソリンでより長い道のりを走ったのは，どちらの自動車ですか。
答え B車
(2) ガソリンが30Lあれば，それぞれ何km走ることができますか。
A車 式 15×30=450
答え 450km
B車 式 16×30=480
答え 480km
(3) 600km走るには，何Lのガソリンが必要ですか。
A車 式 600÷15=40
答え 40L
B車 式 600÷16=37.5
答え 37.5L

2 青山さんの畑60m²からは372kg，赤川さんの畑70m²からは448kgのキャベツがとれました。1m²あたりでとれた量は，どちらが何kg多いですか。
372÷60=6.2　448÷70=6.4
6.4−6.2=0.2
答え 赤川さんの方が0.2kg多い。

3 ２本の金ぞくのぼうあ，いを比べましょう。

	長さ(m)	重さ(kg)
金ぞくのぼうあ	4	26
金ぞくのぼうい	6	45

(1)
26÷4=6.5
45÷6=7.5
答え 金ぞくのぼうい
(2) 金ぞくのぼうあ，いがそれぞれ10mでは，何kgになりますか。
あ 式 6.5×10=65
答え 65kg
い 式 7.5×10=75
答え 75kg

4 かぼちゃは１本あたり2.5m²，スイカは１本あたり4m²の広さをとって苗を植えます。120m²の畑では，それぞれ何本の苗を用意すればいいですか。
かぼちゃ 式 120÷2.5=48
答え 48本
スイカ 式 120÷4=30
答え 30本

P62

思考判断表現 A

速　さ

1 ２台の自動車の速さを比べましょう。

	道のり(km)	時間(時)
自動車A	300	5
自動車B	330	6

(1) 自動車A，Bの時速を求めましょう。
A車 式 300÷5=60
答え 時速60km
B車 式 330÷6=55
答え 時速55km
(2) 自動車Aと自動車Bでは，どちらが速いといえますか。
答え 自動車A

2 こうたさんは32mを５秒で走りました。みさきさんは50mを８秒で走りました。
(1) ２人の秒速を求めましょう。
こうたさん 32÷5=6.4
答え 秒速6.4m
みさきさん 50÷8=6.25
答え 秒速6.25m
(2) こうたさんとみさきさんの速さを秒速で比べると，どちらが速いですか。
答え こうたさん

3 時速42kmで走るゾウの分速を求めましょう。
式 42km=42000m
42000÷60=700
答え 分速700m

4 100mを10秒で走る人の時速を求めましょう。
式 100÷10=10
10×60×60=36000
36000m=36km
答え 時速36km

5 自動車が時速40kmで走っています。
(1) この自動車が３時間で走るきょりを求めましょう。
式 40×3=120
答え 120km
(2) この自動車が220km走るには，何時間かかりますか。
式 220÷40=5.5
答え 5.5時間

6 音は秒速340mで進みます。４秒では何m進みますか。
式 340×4=1360
答え 1360m

P63

思考判断表現 B

速　さ

1 ３人の走る速さを秒速で求めて，速い順に並べましょう。

	道のり(m)	時間(秒)
しゅんや	220	40
ふみや	420	75
あすか	750	150

しゅんや 式 220÷40=5.5
答え 秒速5.5m
ふみや 式 420÷75=5.6
答え 秒速5.6m
あすか 式 750÷150=5
答え 秒速5m
ふみや→しゅんや→あすか

2 ３時間で195km走った自動車と，5.5時間で385km飛んだツバメでは，どちらが速いですか。
195÷3=65
385÷5.5=70
答え ツバメ

3 次の㋐，㋑，㋒の速さを比べて，速い順に並べましょう。
㋐ 秒速35mで走るチーター
㋑ 分速2800mで飛ぶハト
㋒ 時速150kmで走る自動車
〈解答例〉
分速にそろえた場合
㋐35×60=2100
㋒150000÷60=2500
㋒ → ㋐ → ㋑

4 音が伝わる速さは秒速約340mです。いなずまが光って４秒後に，かみなりの音が聞こえました。かみなりまでのきょりは約何mですか。
式 340×4=1360
答え 約1360m

5 1.5時間で90km走る自動車について答えましょう。
(1)
式 90÷1.5=60
答え 時速60km
(2) この自動車が2.5時間で走るきょりを求めましょう。
式 60×2.5=150
答え 150km
(3) この自動車が300km走る時間を求めましょう。
式 300÷60=5
答え 5時間

6 分速1.2kmで泳ぐマグロについて答えましょう。
(1)
式 1.2×60=72
答え 時速72km
(2)
式 1200÷60=20
答え 秒速20m
(3) このマグロは360kmを何時間で泳ぐことができますか。
式 360÷72=5
答え 5時間

P64

学習準備

三角形四角形の面積

1 色がついた部分の面積を求めましょう。（１ますが1cm×1cm）
(1) 4 cm²
(2) 4 cm²
(3) 6 cm²
(4) 12 cm²

2 下の長方形と正方形の面積を求めましょう。
(1) 長方形
式 4×6=24
答え 24cm²
(2) 正方形
式 5×5=25
答え 25cm²
(3) たての長さが12cmで横の長さが3.5cmの長方形の面積
式 12×3.5=42
答え 42cm²
(4) １辺の長さが15cmの正方形の面積
式 15×15=225
答え 225cm²

3 長方形の □ の長さは何cmですか。
(1)
式 96÷12=8
答え 8cm
(2)
式 108÷9=12
答え 12cm

4 下の図で，色のついた部分の面積を求めましょう。
(1) 〈解答例〉
5×(10−5)+2×5=35
答え 35cm²
(2) 〈解答例〉
式 6×9−12=42
答え 42cm²

P65

知識技能 A　月　日

三角形四角形の面積　名前

1 平行四辺形について答えましょう。(5×3)

(1) 次の辺を底辺としたときの高さを書きましょう。
辺アイ 直線オキ　辺イウ 直線カク

(2) 平行四辺形の面積を求める公式を書きましょう。
平行四辺形の面積＝底辺×高さ

2 三角形について答えましょう。(5×4)

(1) 次の辺を底辺としたときの高さを書きましょう。
辺カキ 直線クサ　辺キク 直線カコ
辺カク 直線ケキ

(2) 三角形の面積を求める公式を書きましょう。
三角形の面積 底辺×高さ÷2

3 次の面積を求める公式を書きましょう。(5×3)
長方形の面積＝たて×横
台形の面積＝(上底＋下底)×高さ÷2
ひし形の面積＝対角線×対角線÷2

4 次の図形の面積を求めましょう。(5×8)

(1) 平行四辺形
式 2×3=6
答え 6cm²

(2) 三角形
式 7×4÷2=14
答え 14cm²

(3) 台形
式 (8+10)×6÷2=54
答え 54cm²

(4) ひし形（1ます 1cm×1cm）
式 8×4÷2=16
答え 16cm²

5 次の平行四辺形の高さは何cmですか。(5×2)
式 20÷5=4
答え 4cm

65　(A3 141%・B4 122%拡大)

P66

思考判断表現 A　月　日

三角形四角形の面積　名前

1 下の四角形の面積を求めましょう。(10×6)

(1)
10×6÷2=30
10×5÷2=25
30+25=55
答え 55cm²

(2)
〈解答例〉
10×4÷2=20
答え 20cm²

(3)
〈解答例〉(3+3)×(3+6)÷2=27
答え 27cm²

2 下のあ，い，うの平行四辺形の面積が等しい理由を説明しましょう。(10)

〈解答例〉
平行四辺形の面積は，底辺×高さで求められる。あ，い，うともに底辺と高さが等しいから。

3 次の図形の面積を求めましょう。

(1) 平行四辺形の高さと面積の関係の表を完成させましょう。(10)

高さ(cm)	1	2	3	4	5	6	7
面積(cm²)	6	12	18	24	30	36	42

(2) 高さが２倍，３倍になると，面積は何倍になりますか。(10)
答え 2倍，3倍になる

(3) 高さが 20cmになると，面積は何cm²になりますか。(5×2)
式 6×20=120
答え 120cm²

66　(A3 141%・B4 122%拡大)

P67

知識技能 B　月　日

三角形四角形の面積　名前

1 下の平行四辺形について答えましょう。(4×3)

(1) 次の辺が底辺のときの高さを書きましょう。
辺アイ 直線イオ　辺イウ 直線エカ

(2) 平行四辺形の面積を求める公式を書きましょう。
平行四辺形の面積＝底辺×高さ

2 下の三角形について答えましょう。(4×4)

(1) 次の辺を底辺としたときの高さを書きましょう。
辺カキ 直線クコ
辺キク 直線カケ
辺カク 直線キサ

(2) 三角形の面積を求める公式を書きましょう。
三角形の面積 底辺×高さ÷2

3 平行四辺形や三角形の高さを求めましょう。(4×4)

(1) 32÷5=6.4
答え 6.4cm

(2) 12×2÷5=4.8
答え 4.8cm

4 次の図形の面積を求めましょう。(4×14)

(1) 平行四辺形
① 2×3=6　答え 6cm²
② 4×5.5=22　答え 22cm²

(2) 三角形
① 4×2.5÷2=5　答え 5cm²
② 5×4÷2=10　答え 10cm²

(3) 台形
① (4.4+6.6)×4÷2=22　答え 22cm²
② (3+6.2)×5÷2=23　答え 23cm²

(4) ひし形
式 4.5×6÷2=13.5
答え 13.5cm²

67　(A3 141%・B4 122%拡大)

P68

思考判断表現 B　月　日

三角形四角形の面積　名前

1 下の図形の面積を求めましょう。(5×10)

(1)
12×5÷2×2
=60
答え 60cm²

(2)
8×5÷2×2=40
10×4.5÷2=22.5
40+22.5=62.5
答え 62.5cm²

(3)
5×8÷2=20
5×3÷2=7.5
20−7.5=12.5
答え 12.5cm²

(4)
〈解答例〉
(4+8)×5÷2=30
(4+8)×3÷2=18
30+18=48
答え 48cm²

(5)
〈考え方例〉
〈解答例〉
式 (25−3)×(33−3)
=660
答え 660m²

2 下のあ，い，うの三角形の面積が等しい理由を説明しましょう。(10)

〈解答例〉
三角形の面積は底辺×高さ÷2で求められる。あ，い，うともに底辺と高さが等しいから。

3 図のように，三角形の底辺を長くしていきます。(5×8)

(1) 底辺が 4cmのときの面積を求めましょう。
式 4×6÷2=12
答え 12cm²

(2) 三角形の底辺と面積の関係を表に仕上げましょう。

底辺(cm)	1	2	3	4	5	6	7
面積(cm²)	3	6	9	12	15	18	21

(3) 底辺が２倍，３倍になると，面積は何倍になりますか。
答え 面積も2倍，3倍になる。

(4) 底辺が 10cmのときの面積は何cm²ですか。
〈解答例〉
10×6÷2=30
答え 30cm²

(5) 面積が 60cm²のときの底辺は何cmですか。
〈解答例〉
60×2÷6=20
答え 20cm

68　(A3 141%・B4 122%拡大)

P69

学習準備　月　日

割　合　名前

1 30cmだったひまわりが，75cmになりました。ひまわりの高さは，何倍になりましたか。(10×2)
式 75÷30=2.5
答え 2.5倍

2 お父さんの体重は 70kgで，ぼくの体重は 42kgです。ぼくの体重はお父さんの体重の何倍ですか。(10×2)
式 42÷70=0.6
答え 0.6倍

3 赤いテープは 6m で，白いテープは赤いテープの 1.4 倍です。白いテープは，何 m ですか。(10×2)
式 6×1.4=8.4
答え 8.4m

4 緑のテープは 8m で，青のテープは緑のテープの 0.6 倍です。青のテープは何 m ですか。(10×2)
式 8×0.6=4.8
答え 4.8m

5 ひまわりが，3週間前の 3.5 倍の 140cmになりました。3週間前のひまわりは，何cmでしたか。(10×2)
式 140÷3.5=40
答え 40cm

69　(A3 141%・B4 122%拡大)

P70

知識技能 A　月　日

割　合　名前

1 5年生は全員で 80 人です。(5×4)

(1) 男子は 36 人です。男子の割合《わりあい》を，小数で表しましょう。
式 36÷80=0.45
答え 0.45

(2) 女子は 44 人です。女子の割合を，小数で表しましょう。
式 44÷80=0.55
答え 0.55

2 小数で表した割合を % で表す百分率《ひゃくぶんりつ》に，% で表した百分率を小数で表す割合に直しましょう。(5×6)
(1) 0.67→ 67 %
(2) 0.7→ 70 %
(3) 0.03→ 3 %
(4) 1.2→ 120 %
(5) 40%→ 0.4
(6) 25%→ 0.25

3 150 ページの本があります。今までに全体の 40% を読みました。読んだのは，何ページですか。(5×2)
式 150×0.4=60
答え 60ページ

4 50 人乗りのバスがあります。(5×4)

(1) 40 人が乗っているとき，バスに乗っている人の割合は何 % ですか。
式 40÷50=0.8
答え 80%

(2) このバスに乗っている人の割合が 60% のとき，乗っている人は何人ですか。
式 50×0.6=30
答え 30人

5 シュートの練習をしました。20 回入りました。これは練習回数の 80% にあたります。何回，シュートの練習をしましたか。(5×2)
式 20÷0.8=25
答え 25回

6 花畑の 20m²にチューリップの花を植えました。これは花畑の 40% にあたります。花畑全体は何m²ですか。(5×2)
式 20÷0.4=50
答え 50m²

70　(A3 141%・B4 122%拡大)

P71

思考判断表現 A　月　日

割　合　名前

1 A さんの体重は，40kgでした。5年生になって 5% ふえました。A さんの体重は，何kgになりましたか。(10×2)
式〈解答例〉
40×(1+0.05)=42
答え 42kg

2 たまごが 200 個ありましたが，14 個われてしまいました。われていないたまごは，全体の何 % ですか。(10×2)
式
〈解答例〉
(200−14)÷200=0.93
答え 93%

3 1050 円の肉が，20% 引きになりました。何円になりましたか。(10×2)
式〈解答例〉
1050×(1−0.2)=840
答え 840円

4 1 ふくろ 250g のおかしが，10% ふやして売られています。1 ふくろは，何 g になっていますか。(10×2)
式〈解答例〉
250×(1+0.1)=275
答え 275g

5 T シャツが，30% 引きの 1400 円で売られていました。もとのねだんは，何円ですか。(10×2)
式
〈解答例〉
1400÷(1−0.3)=2000
答え 2000円

71　(A3 141%・B4 122%拡大)

P72

知識技能 B　月　日

割　合　名前

1 5 年生は全員で 80 人です。(4×4)

(1) 犬をかっている人が 24 人いました。犬をかっている人数の割合《わりあい》を小数で表しましょう。
式 24÷80=0.3
答え 0.3

(2) ネコをかっている人は，犬をかっている 24 人の 0.75 倍にあたります。ネコをかっている人数を求めましょう。
式 24×0.75=18
答え 18人

2 小数で表した割合を % で表す百分率《ひゃくぶんりつ》に，% で表す百分率を小数で表す割合に直しましょう。(4×7)
(1) 0.26→ 26 %
(2) 0.4→ 40 %
(3) 0.07→ 7 %
(4) 1.4→ 140 %
(5) 20%→ 0.2
(6) 115%→ 1.15
(7) 48%→ 0.48

3 定員が 120 人の車両があります。(4×4)

(1) この車両に 65% の人が乗っています。何人が乗っていますか。
120×0.65=78
答え 78人

(2) この車両に 150 人の人が乗ると，乗っている割合は何 % ですか。
150÷120=1.25
答え 125%

4 もとのねだんの 80% の 92 円で，パンを売っています。もとのねだんは，何円だったのでしょうか。(4×2)
式 92÷0.8=115
答え 115円

5 1 個 135 円だったブロッコリーが，140% のねだんになっていました。ブロッコリーは，何円になりましたか。(4×2)
式 135×1.4=189
答え 189円

6 ある公園の面積は 6500m²です。(4×4)

(1) そのうちの 25% が，しばふです。しばふの面積は，何m²ですか。
式 6500×0.25=1625
答え 1625m²

(2) 砂《すな》場は 195m²です。これは公園全体の何 % ですか。
式 195÷6500=0.03
答え 3%

7 A 小学校の 5 年生は 102 人です。これは，学校全体の人数の 17% です。学校全体の人数は，何人ですか。(4×2)
式 102÷0.17=600
答え 600人

72　(A3 141%・B4 122%拡大)

P73

思考判断表現 B　月　日

割　合　名前

1 A 小学校の児童数について考えましょう。(5×6)

(1) 5 年生は 120 人でした。6 人ふえました。何 % ふえましたか。
式 6÷120=0.05
答え 5%

(2) 6 年生は 100 人でした。7 人減りました。何 % 減りましたか。
式 7÷100=0.07
答え 7%

(3) 4 年生は 10% 減って 99 人になりました。4 年生は何人だったのでしょうか。
式 99÷(1−0.1)=110
答え 110人

2 買い物をして消費税《しょうひぜい》がつくと，何円になりますか。(5×4)

(1) 1000 円分の野菜を買いました。8% の消費税がつきます。代金は何円になりますか。
1000÷(1+0.08)=1080
答え 1080円

(2) 文ぼう具を 800 円分買いました。10% の消費税がつきます。代金は，何円になりますか。
式 800×(1+0.1)=880
答え 880円

3 ドラッグストアへ買い物に行きました。(5×4)

(1) 250g だったハンドソープが，20% 増量で売っていました。何 g になっていますか。
式 250×(1+0.2)=300
答え 300g

(2) 760 円のマスクが，20% 安くなっていました。何円になっていますか。
式 760×(1−0.2)=608
答え 608円

4 洋服屋へ買い物に行きました。(5×6)

(1) 3000 円の洋服が，30% 安くなっています。何円になっていますか。
3000×(1−0.3)=2100
答え 2100円

(2) 9000 円の洋服が，5850 円で売っています。何 % 引きになっていますか。
式 5850÷9000=0.65
1−0.65=0.35
答え 35%引き

(3) シャツが，20% 引きで 2800 円になっていました。もとは何円だったのでしょうか。
2800÷(1−0.2)=3500
答え 3500円

73　(A3 141%・B4 122%拡大)

児童に実施させる前に，必ず指導される方が問題を解いてください。本書の解答は，あくまでも１つの例です。指導される方の作られた解答をもとに，本書の解答例を参考に児童の多様な考えに寄り添って○つけをお願いします。

P74

知識技能 A

割合のグラフ

名前　　月　日

1 下のグラフを見て答えましょう。

好きな給食の割合

カレーライス	からあげ	ハンバーグ	ラーメン	スパゲティー

(1) このようなグラフを何といいますか。 帯 グラフ

(2) それぞれの割合は，全体の何％ですか。

カレーライス 25 ％
からあげ 20 ％
ハンバーグ 18 ％
ラーメン 15 ％
スパゲティー 10 ％

(3) このグラフは，200人の割合をまとめています。

① カレーライスが好きな人は，何人ですか。

式 200×0.25=50　答え 50人

② からあげが好きな人は，何人ですか。

式 200×0.2=40　答え 40人

2 下のグラフを見て答えましょう。

子どもの好きなスポーツの割合

(1) このようなグラフを何といいますか。 円 グラフ

(2) それぞれの割合は，全体の何％ですか。

水泳 24 ％
サッカー 18 ％
野球 15 ％
体そう 7 ％
テニス 5 ％

3 下の表をグラフに表しましょう。

好きな教科の割合

教科名	算数	体育	図工	国語	その他
割合(％)	25	20	18	15	22

好きな教科の割合

(算数，体育，図工，国語，その他)

74

(A3 141%・B4 122%拡大)

P75

思考判断表現 A

割合のグラフ

名前　　月　日

1 下のグラフは，11月に保健室を利用した人数の割合を，その理由別に調べたものです。

保健室を利用した理由の割合

(発熱，けが，腹痛，気分，頭痛，その他)

(1) 発熱で保健室を利用した人数は，けがで利用した人数の何倍ですか。

式 36÷24=1.5　答え 1.5倍

(2) 発熱で保健室を利用した人数は，腹痛で利用した人数の何倍ですか。

式 36÷20=1.8　答え 1.8倍

(3) 発熱で保健室を利用した人数は，27人です。11月に保健室を利用したのは，全部で何人ですか。

式 27÷0.36=75　答え 75人

2 下の表は，A会社の人たちが通勤に利用している交通機関を調べたものです。

A社の社員が利用している交通機関

交通機関名	電車	バス	自家用車	その他	合計
人数(人)	72	48	18	12	150
割合(％)					100

(1) それぞれの割合を％で表しましょう。

電車 式 72÷150=0.48　答え 48%

バス 式 48÷150=0.32　答え 32%

自家用車 式 18÷150=0.12　答え 12%

その他 式 12÷150=0.08　答え 8%

(2) 割合の合計が100％になることを確かめてから，下の帯グラフに表しましょう。

A社の社員が利用している交通機関

電車　バス　自家用車　その他

75

(A3 141%・B4 122%拡大)

P76

知識技能 B

割合のグラフ

名前　　月　日

1 下のグラフを見て答えましょう。

好きな野菜の割合

トマト	じゃがいも	さつまいも	とうもろこし	きゅうり	その他

(1) このようなグラフを何といいますか。 帯 グラフ

(2) それぞれの割合は，全体の何％ですか。

トマト 24 ％
じゃがいも 21 ％
さつまいも 18 ％
とうもろこし 15 ％
きゅうり 12 ％

(3) このグラフは，200人の割合をまとめました。

① トマトが好きな人は，何人ですか。

式 200×0.24=48　答え 48人

② じゃがいもが好きな人は，何人ですか。

式 200×0.21=42　答え 42人

2 下の表をグラフに表しましょう。

きらいな野菜の割合

野菜名	ゴーヤ	セロリ	春ぎく	ピーマン	その他
割合(％)	26	22	18	15	19

きらいな野菜の割合

ゴーヤ　セロリ　春ぎく　ピーマン　その他

3 学校でのけがについて調べました。右のグラフを見て答えましょう。

けがをした場所の割合

(1) このようなグラフを何といいますか。 円 グラフ

(2) それぞれの割合は，全体の何％ですか。

運動場 35 ％
体育館 20 ％
教室 12 ％
ろう下・階だん 10 ％

(3) 運動場でのけがは，ろう下・階だんの何倍ですか。

式 35÷10=3.5　答え 3.5倍

4 下の表は，学校の何の時間にけがをしたのかをまとめたものです。グラフに表しましょう。

学校でけがをした時間の割合

時間	休み時間	学習時間	そうじ時間	学校行事	その他
割合(％)	48	29	10	5	8

学校でけがをした時間の割合

休み時間　学習時間　そうじ時間　学校行事　その他

76

(A3 141%・B4 122%拡大)

P77

思考判断表現 B

割合のグラフ

名前　　月　日

1 下のグラフは，こうたさんの学校で楽しい時間を調べて，人数の割合をグラフに表したものです。

学校で楽しい時間の割合

(休み時間，給食時間，放課後，その他)

(1) 「休み時間」と答えた人数は，「給食時間」と答えた人数の何倍ですか。

式 54÷24=2.25　答え 2.25倍

(2) 「休み時間」と答えた人数は，「放課後」と答えた人数の何倍ですか。

式 54÷12=4.5　答え 4.5倍

(3) 「休み時間」と答えた人数は，135人です。この調べに答えた人数は，全部で何人ですか。

式 135÷0.54=250　答え 250人

(4) 「給食時間」と答えた人数は，何人ですか。

式 250×0.24=60　答え 60人

2 下の表は，ある学校で「やってみたいスポーツ」を調査した結果です。それぞれの割合を求めて，グラフに表しましょう。

やってみたいスポーツ

スポーツ名	水泳	サッカー	野球	テニス	その他	合計
人数(人)	92	64	57	48	56	320
割合(％)						100

(1) それぞれの割合を％で表しましょう。（％は四捨五入して整数で表しましょう。）

92÷320×100=28.75　答え 約29%

64÷320×100=20　答え 20%

57÷320×100=17.8125　答え 約18%

48÷320×100=15　答え 15%

56÷320×100=17.5　答え 約18%

(2) 割合の合計が100％になることを確かめてから，下の帯グラフに表しましょう。

やってみたいスポーツ

水泳　サッカー　野球　テニス　その他

77

(A3 141%・B4 122%拡大)

P78

知識技能 A

正多角形と円周の長さ

名前　　月　日

1 次の □ にあてはまる言葉を下から選んで書きましょう。

(1) 辺の長さが，角の大きさがすべて等しい多角形を 正多角形 といいます。

(2) 8つの辺の長さと，8つの角の大きさが等しい多角形を 正八角形 といいます。

(3) 円の周りのことを 円周 といいます。

(4) 円の周りの長さは， 直径 に3.14をかけて求めることができます。

(5) 3.14倍のことを 円周率 といいます。

正八角形・円周・直径・半径
円周率・正多角形・正六角形

2 下の図の正六角形の㋐と㋑の角度の求め方について，（　）にあてはまる数を書きましょう。

㋐の求め方
円の中心の角度は360度で，その角度を6つに等しく分けています。式は，
（360）÷（6）＝（60）となります。

㋑の求め方
㋐の角度が（60°）なので，正六角形の対角線でできる三角形は正三角形です。
だから，㋑の角度は（60°）です。

3 下の正多角形の名前を書きましょう。

正五角形　正三角形

4 次の円周の長さを求めましょう。

(1) 式 8×3.14=25.12　答え 25.12cm

(2) 式 2×2×3.14=12.56　答え 12.56cm

5 円周が次の長さのときの直径を求めましょう。

(1) 円周 50.24cm

式 50.24÷3.14=16　答え 16cm

(2) 円周 21.98cm

式 21.98÷3.14=7　答え 7cm

78

(A3 141%・B4 122%拡大)

P79

思考判断表現 A

正多角形と円周の長さ

名前　　月　日

1 円の中心の角を45°に分けて正多角形をかきます。どんな正多角形がかけますか。

式 360÷45=8　答え 正八角形

2 下の図の色のついた図形の，周りの長さを求めましょう。

(1) 式 20×3.14÷2+20=51.4　答え 51.4cm

(2) 10×2×3.14÷4=15.7
15.7+10×2=35.7　答え 35.7cm

3 円の直径を1cm，2cm，3cm・・・と長くしていくと，円周の長さはどのように変化するでしょうか。

(1) 直径が1cmのときの円周を求めましょう。

式 1×3.14=3.14　答え 3.14cm

(2) 直径が1cm，2cm，3cm・・・となると円周がどう変化するか表にまとめましょう。

直径(cm)	1	2	3	4	5	6
円周(cm)	3.14	6.28	9.42	12.56	15.7	18.84

(3) 直径が2倍，3倍になると円周はどうなりますか。

円周も2倍,3倍になる。

(4) 直径が12cmのときの円周の長さを求めましょう。

式（解答例）
12÷6=2
18.84×2=37.68　答え 37.68cm

79

(A3 141%・B4 122%拡大)

P80

知識技能 B

正多角形と円周の長さ

名前　　月　日

1 次の □ にあてはまる言葉を書きましょう。

(1) 辺の長さと，角の大きさがすべて等しい多角形を 正多角形 といいます。

(2) 7つの辺の長さと7つの角の大きさが等しい多角形を 正七角形 といいます。

(3) 円の周りのことを 円周 といいます。

(4) 円の周りの長さは， 直径 のおよそ3.14倍です。

(5) 3.14倍のことを 円周率 といいます。

2 正五角形と正八角形の次の角度を，式を書いて求めましょう。

正五角形

㋐ 360÷5=72　答え 72°

㋑ 180−72=108　答え 108°

正八角形

㋒ 360÷8=45　答え 45°

㋓ 180−45=135　答え 135°

3 下の円を使って正六角形をかきましょう。

4 次の円周の長さを求めましょう。

(1) 式 10×3.14=31.4　答え 31.4cm

(2) 3×2×3.14=18.84　答え 18.84cm

(3) 直径が8mの円周の長さ

式 8×3.14=25.12　答え 25.12m

5 円周が次の長さのときの直径を求めましょう。

(1) 円周 6.28cm

式 6.28÷3.14=2　答え 2cm

(2) 円周 47.1m

式 47.1÷3.14=15　答え 15m

80

(A3 141%・B4 122%拡大)

P81

思考判断表現 B

正多角形と円周の長さ

名前　　月　日

1 円の中心の角を次の角度に分けて正多角形をかくと，どんな正多角形がかけますか。

(1) 式 360÷60=6　答え 正六角形

(2) 式 360÷40=9　答え 正九角形

2 下の図の色のついた図形の周りの長さを求めましょう。

(1) 12×2×3.14÷4=18.84
18.84+12×2=42.84　答え 42.84cm

(2) 10×3.14+10×2=51.4　答え 51.4cm

(3) 10×2×3.14÷2=31.4　答え 31.4cm

3 円の直径を1cm，2cm，3cm・・・と長くしていくと，円周の長さはどのように変化するでしょうか。

(1) 直径が1cm，2cm，3cm・・・となると円周がどう変化するか表にまとめましょう。

直径(cm)	1	2	3	4	5
円周(cm)	3.14	6.28	9.42	12.56	15.7

(2) 直径が2倍，3倍になると円周はどうなりますか。

円周も2倍,3倍になる。

(3) 直径が次の長さのときの，円周の長さを求めましょう。

㋐ 直径 15cm
式（解答例）15÷5=3
15.7×3=47.1　答え 47.1cm

㋑ 直径 18cm
（解答例）18÷6=3
18.84×3=56.52　答え 56.52cm

25×2×3.14=157 あります。
157×50=7850
7850cm=78.5m　答え 約78.5m

81

(A3 141%・B4 122%拡大)

P82

知識技能 A

角柱と円柱

名前　　月　日

1 下のそれぞれの角柱について，あてはまる言葉や数字を書きましょう。

名前	三角柱
側面の数	3
頂点の数	6
辺の数	9

名前	四角柱
側面の数	4
頂点の数	8
辺の数	12

名前	六角柱
側面の数	6
頂点の数	12
辺の数	18

2 円柱について，（　）にあてはまる言葉を下から選んで書きましょう。

(1) 円柱の2つの底面の形は（円）です。同じ大きさで（平行）な関係になっています。

(2) 円柱の側面のように曲がった面を（曲面）といいます。

(3) 図の中に底面から底面に垂直にひいた点線が円柱の（高さ）です。

高さ・長方形・曲面・平面
平行・垂直・円・横

3 下の展開図を組み立ててできる見取り図の続きをかきましょう。

4 下の立体の展開図の続きをかきましょう。

82

(A3 141%・B4 122%拡大)

解答

児童に実施させる前に，必ず指導される方が問題を解いてください。本書の解答は，あくまでも１つの例です。指導される方の作られた解答をもとに，本書の解答例を参考に児童の多様な考えに寄り添って○つけをお願いします。

P83

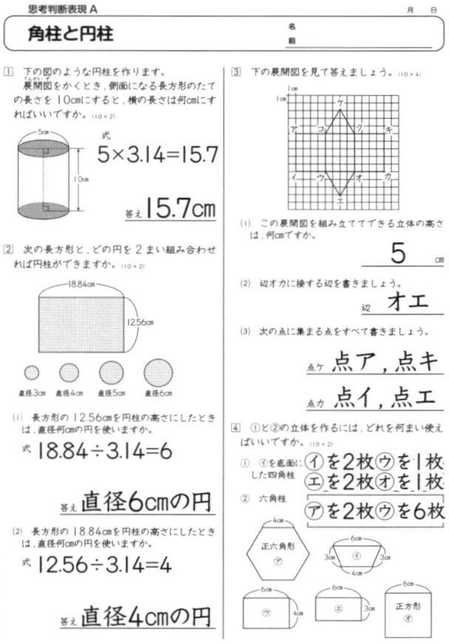
思考判断表現 A

月　日

角柱と円柱

名前

1 下の図のような円柱を作ります。
展開図《てんかいず》をかくとき，側面になる長方形のたての長さを 10cmにすると，横の長さは何cmにすればいいですか。(10×2)

式 5×3.14=15.7

答え 15.7cm

2 次の長方形と，どの円を２まい組み合わせれば円柱ができますか。(10×2)

18.84cm　12.56cm

直径3cm　直径4cm　直径5cm　直径6cm

(1) 長方形の 12.56cmを円柱の高さにしたときは，直径何cmの円を使いますか。

式 18.84÷3.14=6

答え 直径6cmの円

(2) 長方形の 18.84cmを円柱の高さにしたときは，直径何cmの円を使いますか。

式 12.56÷3.14=4

答え 直径4cmの円

3 下の展開図を見て答えましょう。(10×4)

(1) この展開図を組み立ててできる立体の高さは，何cmですか。

5 cm

(2) 辺オカに接する辺を書きましょう。

辺 オエ

(3) 次の点に集まる点をすべて書きましょう。

点ケ 点ア，点キ

点カ 点イ，点エ

4 ①と②の立体を作るには，どれを何まい使えばいいですか。(10×2)

① ㋑を底面にした四角柱　㋑を2枚㋒を1枚　㋓を2枚㋔を1枚

② 六角柱　㋐を2枚㋒を6枚

正六角形 ㋐　4cm　㋑ 6cm 3cm 3cm 4cm　㋒ 6cm 4cm　㋓ 6cm 3cm　正方形 ㋔ 6cm

83

(A3 141%・B4 122%拡大)

P84

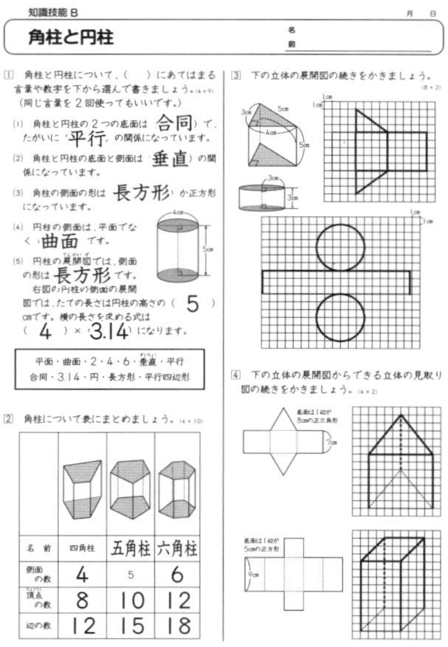
知識技能 B

月　日

角柱と円柱

名前

1 角柱と円柱について，（　）にあてはまる言葉や数字を下から選んで書きましょう。(4×9)
（同じ言葉を２回使ってもいいです。）

(1) 角柱と円柱の２つの底面は（合同）で，たがいに（平行）の関係になっています。

(2) 角柱と円柱の底面と側面は（垂直）の関係になっています。

(3) 角柱の側面の形は（長方形）か正方形になっています。

(4) 円柱の側面は，平面でなく（曲面）です。

(5) 円柱の展開図《てんかいず》では，側面の形は（長方形）です。
右図の円柱の側面の展開図では，たての長さは円柱の高さの（ 5 ）cmです。横の長さを求める式は（ 4 ）×（3.14）になります。

平面・曲面・2・4・6・垂直《すいちょく》・平行
合同・3.14・円・長方形・平行四辺形

2 角柱について表にまとめましょう。(4×10)

名前	四角柱	五角柱	六角柱
側面の数	4	5	6
頂点《ちょうてん》の数	8	10	12
辺の数	12	15	18

3 下の立体の展開図の続きをかきましょう。(8×2)

4 下の立体の展開図からできる立体の見取り図の続きをかきましょう。(4×2)

底面は１辺が8cmの正三角形　7cm

底面は１辺が5cmの正方形　9cm

84

(A3 141%・B4 122%拡大)

P85

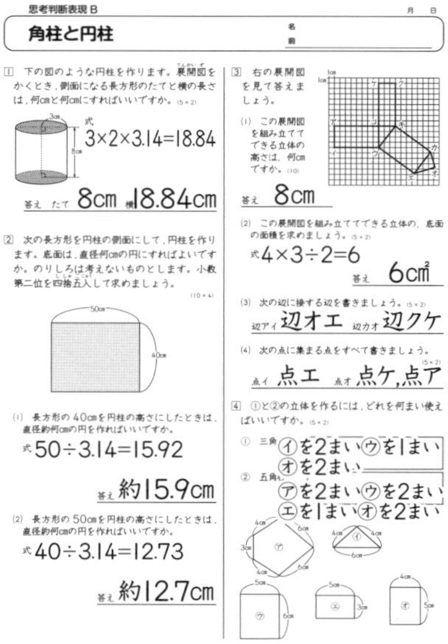
思考判断表現 B

月　日

角柱と円柱

名前

1 下の図のような円柱を作ります。展開図《てんかいず》をかくとき，側面になる長方形のたてと横の長さは，何cmと何cmにすればいいですか。(5×2)

式 3×2×3.14=18.84

答え たて 8cm 横 18.84cm

2 次の長方形を円柱の側面にして，円柱を作ります。底面は，直径何cmの円にすればよいですか。のりしろは考えないものとします。小数第二位を四捨五入《ししゃごにゅう》して求めましょう。(10×4)

50cm　40cm

(1) 長方形の 40cmを円柱の高さにしたときは，直径約何cmの円を作ればいいですか。

式 50÷3.14=15.92

答え 約15.9cm

(2) 長方形の 50cmを円柱の高さにしたときは，直径約何cmの円を作ればいいですか。

式 40÷3.14=12.73

答え 約12.7cm

3 右の展開図を見て答えましょう。

(1) この展開図を組み立ててできる立体の高さは，何cmですか。(10)

答え 8cm

(2) この展開図を組み立ててできる立体の，底面の面積を求めましょう。(5×2)

式 4×3÷2=6

答え 6cm²

(3) 次の辺に接する辺を書きましょう。(5×2)

辺アイ 辺オエ　辺カオ 辺クケ

(4) 次の点に集まる点をすべて書きましょう。(5×2)

点イ 点エ　点オ 点ケ,点ア

4 ①と②の立体を作るには，どれを何まい使えばいいですか。(5×2)

① 三角 ㋑を2まい㋒を1まい㋔を2まい

② 五角 ㋐を2まい㋒を2まい㋓を1まい㋔を2まい

85

(A3 141%・B4 122%拡大)

コピーしてすぐ使える　観点別で評価ができる

教科書算数テストプリント　５年

2021 年 7 月 1 日　　第 1 刷発行

著　　　者：新川　雄也
企画・編集：原田　善造（他 8 名）

発行者：　岸本 なおこ
発行所：　喜楽研（わかる喜び学ぶ楽しさを創造する教育研究所）
〒 604-0827　京都府京都市中京区高倉通二条下ル瓦町 543-1
TEL　075-213-7701　FAX　075-213-7706
HP　https://www.kirakuken.co.jp/
印　刷：　創栄図書印刷株式会社

ISBN：978-4-86277-339-5

Printed in Japan